PAPIER MÉMORIAL

DE

LA FAMILLE BASTARD

1585–1721

PUBLIÉ ET ANNOTÉ

PAR

PIET-LATAUDRIE (Pierre-Alexis-Duplessis)

Bâtonnier de l'ordre des avocats de Niort
Ancien vice-président du tribunal civil de Saintes
Trésorier de la Société de statistique, sciences, lettres et arts des Deux-Sèvres
Membre de la Commission des arts et monuments historiques
de la Charente-Inférieure.

SAINT-MAIXENT

IMPRIMERIE CH. REVERSÉ

1887

PAPIER MÉMORIAL

DE

LA FAMILLE BASTARD

PAPIER MÉMORIAL

DE

LA FAMILLE BASTARD

1585-1721

PUBLIÉ ET ANNOTÉ

PAR

PIET-LATAUDRIE (Pierre-Alexis-Duplessis)

Bâtonnier de l'ordre des avocats de Niort
Ancien vice-président du tribunal civil de Saintes
Trésorier de la Société de statistique, sciences, lettres et arts des Deux-Sèvres
Membre de la Commission des arts et monuments historiques
de la Charente-Inférieure.

SAINT-MAIXENT

IMPRIMERIE CH. REVERSÉ

1887

NOTICE PRÉLIMINAIRE

sur

LA FAMILLE BASTARD

ET SON PAPIER MÉMORIAL

———

Nos ancêtres avaient l'habitude d'inscrire sur des registres spéciaux, qu'ils tenaient généralement avec beaucoup de soin, les naissances de leurs enfants, les événements importants de la famille, l'état de leur fortune, les acquisitions et les ventes qu'ils faisaient. Même réduits à ces simples éléments, ces *livres de raison* présentent un grand intérêt à tous ceux qui aiment à fouiller le passé et qui s'intéressent à l'histoire locale de leur pays. C'est là qu'on a chance de découvrir des documents généalogiques, des renseignements précieux sur les familles — renseignements qu'on chercherait en vain dans les dépôts publics, d'où ils n'ont que trop souvent disparu par suite d'incendies ou d'autres causes de destruction. Souvent aussi on y trouve sur les propriétés des indications, des confrontations, des noms de lieux ou d'anciens propriétaires, qui permettent de combler bien des lacunes.

Mais parfois nos ancêtres ne se contentaient pas de consigner sur leurs registres les choses intéressantes pour la famille ; ils y faisaient aussi mention des événements importants de la cité et du pays.

J'ai eu la bonne fortune de découvrir dans mes archives de famille deux vieux registres de cette nature. Leur dépouillement m'a fort intéressé ; et, sur la demande qui m'en a été faite par quelques-uns de nos confrères de la Société de statistique, j'en ai extrait les passages les plus importants.

Ces deux livres vont de la fin du seizième siècle au commencement du dix-huitième.

Le premier, qui a encore sa vieille reliure en cuir noir, sur les plats de laquelle se trouve frappé un griffon d'un assez joli modèle, a été commencé en 1585 par *Isaac Bastard*, et continué, à partir de 1636, par son fils *François Bastard*, et à partir de 1665, par son petit-fils *Pierre Bastard*.

Le second est spécial à Pierre Bastard. Commencé en 1665, date de son mariage, il a été continué jusqu'à son décès, en 1721.

Nous y trouvons les extraits baptistaires de trois générations de la famille Bastard (1). Grâce à des notes mises en marge de chaque acte, nous savons ce que chacun des enfants est devenu, et nous avons ainsi une véritable généalogie de cette famille.

Je ne veux point dire ici, même en résumé, ce qu'a été chacun des membres de la famille Bastard. On trouvera plus loin ces renseignements sous la forme laconique que leur ont donnée les auteurs mêmes de nos vieux livres. Que le lecteur me permette seulement de lui faire faire connaissance avec ces derniers, car chacun sait qu'en fait de recherches historiques, tant vaut l'homme tant vaut le document.

Isaac Bastard, sur une page de son livre intitulé *Papier mémorial*, se charge de nous apprendre qu'il était né le 20 juin 1565, de Mathurin Bastard et de Philippe

---

(1) Quelques-uns de ces actes ne se trouvent même que là, les uns parce que les registres paroissiaux sur lesquels ils étaient inscrits ont disparu, les autres parce qu'ils se rapportent à l'époque de l'occupation de la ville par les protestants et de l'interdiction du culte catholique.

Bazin. Il fut baptisé par Gentilleau, curé de Notre-Dame. Ses parrains furent Bernard Bourdin et Pierre Ambré, et sa marraine Jacquette Giles. Il fut tonsuré le 23 décembre mil cinq cent (la fin de la date est restée en blanc), et il se maria le 9 janvier 1585 avec Sarra Brisset. Le contrat de mariage fut reçu et passé par Mullot et Gastault, notaires royaux à Niort, et la minute conservée par ledit Gastault. Isaac Bastard exerça la profession de sergent royal (1). De son mariage avec Sarra Brisset il eut dix enfants. Cinq d'entre eux moururent en bas âge. Les autres sont : Marguerite, Noël, Jean, Madeleine et François. (V. pp. 22 et suiv.)

Je n'ai pas la date du décès d'Isaac Bastard. Je sais seulement qu'il mourut avant sa femme Sarra Brisset, car celle-ci figure seule au contrat de mariage de son fils François et y est désignée comme veuve de défunt messire Isaac Bastard.

FRANÇOIS BASTARD, né le 1er janvier 1611, épousa Catherine Chauvegrain. Le contrat de mariage fut reçu par Jousseaulme, notaire royal à Niort, le 5 octobre 1636. Les futurs époux y sont ainsi désignés : « honorable homme François Bastard, maistre appoticquaire en ceste ville, et Catherine Chauvegrain, fille d'honorable homme René Chauvegrain, marchand, et de dame Catherine Moreau, sa femme (2) ». Le mariage fut célébré le 20 du

---

(1) Communication de M. Laurence.

(2) Catherine Chauvegrain avait un frère et une sœur. Son frère René fut notaire royal à Niort de 1652 à 1683, et échevin en 1676. Il épousa demoiselle Marie Richier et il eut lui-même un fils et six filles. Son fils se nommait aussi René comme son père et son aïeul. Le fils fut aussi notaire royal à Niort de 1684 à 1709 ; il fut en outre conseiller du roi, lieutenant criminel, élu à Niort, pair en 1703, juge-magistrat et échevin en 1734. (*Armorial* Bonneau, p. 87.) La sœur de Catherine Chauvegrain, Marie, épousa en premières noces Pierre Rousseau, d'où un fils, Pierre, et une fille, Catherine, qui épousa M. Vaslet. En deuxièmes noces Marie Chauvegrain épousa François Panier, sieur de Faneau, d'où une fille Catherine Panier, qui fut supérieure des Dames Hospitalières de Niort, sous le nom de sœur des Anges.

même mois d'octobre. La jeune épouse était née le 15 juillet 1615. Cette union fut d'une grande fécondité : Catherine Chauvegrain eut en effet seize enfants. Six d'entre eux moururent en bas âge; trois entrèrent dans les ordres, et les sept autres se marièrent. (Voir pp. 26 et suiv.) Deux seulement de ses garçons, René et Pierre, laissèrent des descendants mâles. — Catherine Chauvegrain est décédée le 2 octobre 1691, à l'âge de 76 ans. (Voir ch. Ier, p. 26.)

Pierre Bastard naquit le 25 septembre 1645. Il fut baptisé le lendemain en l'église Notre-Dame de Niort, par François Meaulme, curé-recteur de ladite paroisse. Il eut pour parrain Pierre Bardon, sieur de Juilles, docteur en médecine de l'université de Montpellier et de Poitiers, et pour marraine Catherine Caillier, épouse d'Anthoine Moreau, sa grand'tante.

Fut-il destiné par ses parents à l'état ecclésiastique, ou bien sa famille voulut-elle simplement lui faire conférer les ordres mineurs nécessaires pour jouir de certains bénéfices ecclésiastiques (1), je ne sais. Toujours est-il que le 12 mai 1655, alors qu'il n'avait pas encore dix ans accomplis, il reçut la tonsure dans l'église de Notre-Dame de Niort des mains de monseigneur Louis de Bassompierre, évêque de Saintes. Le certificat de tonsure signé de Sa Grandeur porte que Mgr de Bassompierre agit *de licentia capituli ecclesiœ cathedralis pictaviensis sede vacante* (2).

(1) Cet usage était très fréquent. Déjà nous avons vu (p. 5) qu'Isaac Bastard avait été tonsuré. Le fils plus jeune de Pierre Bastard, François de la Maisonneuve, le fut aussi. (V. pp. 38 et 97.)

(2) Le siège épiscopal de Poitiers était à cette époque occupé par Antoine Barberin, connu sous le nom du cardinal Antoine ; et le siège était vacant parce que le cardinal, bien que nommé évêque de Poitiers par Louis XIV au mois d'août 1652, n'avait pu obtenir ses bulles du pape Innocent X, qui s'était déclaré contre tous les Barberins. (*Gallia Christiana*, tome II, col. 1208, et Dreux-Duradier, *Histoire littéraire du Poitou*, pp. 30 et 31, tome Ier.)

Le sentiment religieux se développa de bonne heure chez Pierre Bastard; et, en 1663, alors qu'il venait à peine d'achever ses études, poussé bien plus par sa foi que par la curiosité, il entreprit un voyage difficile à cette époque, celui de Rome. Il est regrettable qu'il ne nous ait rien laissé concernant cet intéressant voyage.

Quelque temps après son retour à Niort, âgé seulement de vingt ans, il épousa, le 23 novembre 1665, à l'église de Saint-André, Louise Allonneau, fille de Me Jacques Allonneau, procureur au siège royal de Niort, et de dame Anne Clémanson. Le contrat de mariage, qui avait précédé la bénédiction nuptiale, porte la date du 22 novembre 1665, et fut reçu par Noël Piet et Thibault, notaires royaux à Niort. Le père du futur lui constitua en dot l'estat et office de procureur au siège royal de Niort, *dont il est pourveu.* François Bastard avait en effet acheté cet office pour son fils, et voici la mention exacte que nous relevons à ce sujet sur son livre.

« J'ay achepté de Me Dabillon Toulière (1) son office de « procureur pour Pierre, qui couste neuf cens livres et « deux pistolles et demye de pot de vin pour sa fame, « le 27 novembre 1663, passé par mon nepveu Rousseau.»

Il résulte de là que François Bastard avait acheté cet office deux ans avant le mariage de son fils Pierre et alors que celui-ci n'avait que dix-huit ans, ce qui porte à croire que Me Dabillon continua à le gérer au moins jusqu'au mariage de Pierre Bastard.

Pierre Bastard se trouva ainsi exercer les fonctions de procureur au siège royal de Niort en même temps que son beau-père Jacques Allonneau et plus tard en même temps que son beau-frère Pierre Allonneau et que son gendre Jean Piet. Ce Pierre Allonneau était doublement le beau-frère de Pierre Bastard, d'abord comme frère de sa femme

---

(1) Ce Dabillon Toulière doit être Jean Dabillon, écuyer, seigneur de la Tuilière, pair, maire et capitaine en 1626, receveur de la commune en 1644. (*Armorial* Bonneau, p. 91.)

Louise Allonneau, et ensuite comme mari de sa sœur Catherine Bastard.

Pierre Bastard exerça toute sa vie ses fonctions de procureur au siège royal. Mais il ne se contenta pas de cela; et, à en juger par la multiplicité des charges qu'il occupa concurremment, il devait être d'une grande activité. Il exerçait en effet les fonctions de procureur en l'élection, de tiers référendaire, de procureur d'office de la justice du fief de Sainte-Gemme et de la chastellenie de Cenan, de greffier de l'élection, de greffier de la maîtrise des eaux et forêts, de greffier des experts, de contrôleur des exploits, et de greffier des consuls.

Il avait acquis son office de *procureur en l'élection* de M. Butault (p. 112), et il le conserva jusqu'à son décès. Dans un partage amiable, fait le 17 avril 1727 entre ses héritiers (1), l'office de procureur au siège royal échut aux Clémanson qui durent le vendre, et celui de procureur à l'élection échut à Jean Piet.

Au folio 48 de son livre (pp. 102 et suiv.), Pierre Bastard raconte comment il a été pourvu, en 1664, du greffe de l'élection qui lui procura plus de désagrément que de profit. Mandé à Paris au mois d'avril 1684 pour rendre ses comptes, il obtint du procureur général de la cour des aides une audience à la suite de laquelle fut prononcé un arrêt portant que le compte serait rendu en l'élection de Niort. Il se hâta par suite de rentrer à son domicile, mais au préalable il résigna ses fonctions de greffier de l'élection.

Pierre Bastard avait acheté le greffe de la maîtrise des eaux et forêts, ainsi que le greffe de la gruerie d'Aulnay, le 25 juillet 1689, de compte à demi avec Jacques Allonneau, sieur du Plessis, son beau-frère. Mais il le gérait par commission du grand-maître, M. de la Ménancherie,

(1) Les héritiers sont : Isaac Bastard, prêtre, pour un tiers ; Jean Piet, son gendre, pour un tiers, et Jacques Clémanson le jeune, marchand, et Jean Disleau, aussi marchand, époux de Marguerite Clémanson, entre eux deux pour un tiers, comme représentant feu leur mère et belle-mère, Catherine Bastard, épouse Clémanson.

depuis 1676, date à laquelle le siège de la maîtrise avait été transporté de Chizé à Niort.

Le greffe de la gruerie d'Aulnay fut vendu en 1692 (1) à M. Vidault, sʳ des Loubières, demeurant à la Villedieu.

Jacques Allonneau, sieur du Plessis, étant décédé le 24 juillet 1695, laissant à Marie Racapé, sa veuve, l'usufruit de tous ses biens, Pierre Bastard continua à gérer seul le greffe de la maîtrise jusqu'au commencement de l'année 1704. A cette époque il transporta à Jean Piet, son gendre, sa moitié dans ledit greffe, et celui-ci acheta l'autre moitié de Marie Racapé, qui avait épousé en secondes noces M. Gabriault. (Voir ci-après, p. 113.)

Les offices de *greffier des experts* et de *contrôleur des exploits* avaient été achetés de compte à demi entre Pierre Bastard et Louis Racapé; mais l'office de greffier des experts était sous le nom de Bastard et celui de contrôleur des exploits sous celui de Racapé. Un acte sous seings privés, en date du 2 septembre 1705, établissait clairement cette situation. Il résulte de cet acte que le greffe des experts a coûté mille livres y compris les frais, et l'office de contrôleur des exploits 3,870 livres aussi y compris les frais. Chacun des acquéreurs devait gérer l'office acheté en son nom et on devait compter et partager les bénéfices à la fin de chaque année. Une note de Bastard, en marge de cet acte, porte que l'office de contrôleur des exploits a été supprimé en 1714, qu'il a été remboursé de la finance pour sa moitié, en 1720, suivant la quittance qu'il a donnée à M. Racapé fils. Mais Pierre Bastard continua à gérer le greffe des experts et à en partager les bénéfices avec la famille Racapé.

Pierre Bastard et Louis Racapé étaient aussi associés pour le greffe de la juridiction consulaire. Mais ils n'étaient pas propriétaires de cet office dont ils étaient simplement fermiers. Cela résulte de différents comptes se rapportant à ce greffe et signés d'eux.

(1) Acte de Grugnet, notaire à Niort, du 4 novembre 1692.

D'après son livre, Bastard aurait encore été pourvu des offices de rapporteur des criées, de contrôleur des dépens, de trésorier des bourses communes, et il aurait eu une part dans l'office de premier huissier audiencier (p. 112).

Les fonctions de Pierre Bastard, ses connaissances juridiques, sa longue pratique des affaires, non moins que sa parfaite honorabilité le désignaient tout naturellement au choix des familles quand il venait à surgir quelques questions délicates, ou quand on voulait faire choix d'un intermédiaire éclairé ou d'un exécuteur testamentaire consciencieux.

C'est ainsi que le 14 mai 1714 il fut choisi comme arbitre par M. Urbain Huard, écuyer, sieur de la Potterie, faisant pour dame Marie-Thérèse Acard de la Manière, marchande de la ville de la Rochelle, et par Jean Main, marchand chamoiseur, et Françoise Bellion, sa femme, à l'occasion de difficultés nées entre eux relativement à des billets et à l'exécution de certains jugements (1).

C'est également ainsi qu'il fut nommé exécuteur testamentaire de Mlle Macé, par son testament du 11 juillet 1719, reçu Laffiton et Grugnet, notaires. Cette demoiselle Macé devait être la sœur de Pierre-Gabriel Macé, conseiller du roi, élu de Niort et échevin, de 1721 à 1752. (*Armorial* Bonneau, p. 107.)

Précédemment il avait été nommé exécuteur testamentaire de son cousin germain, Pierre Rousseau, décédé à Paris au mois de janvier 1684. Dans un document intéressant intitulé : *Estat des parents à moy cogneus,* Pierre Bastard s'exprime ainsi :

« Ledit Pierre Rousseau n'avait point été marié. Il est mort à Paris et avait fait pour dix mil livres de legs, et entr'autres 4,500 livres à l'hôpital général de ceste ville,

---

(1) Dans une des pièces de ce dossier, qui est un acte reçu par Jousselin et Baudin, notaires à Niort, il est question d'un sieur Faussecane, marchand demeurant en la ville de la Rochelle, estant de présent logé au logis ayant pour enseigne *le Petit Louvre.* C'était l'hôtel le mieux fréquenté de Niort au XVIIe et au commencement du XVIIIe siècle.

500 livres à l'églize de Nostre-Dame quy a esté employé en le rétable, 500 livres aux missionnaires estrangers à Paris où il est enterré rue du Bacq, faubourg Saint-Germain, 300 livres à la Miséricorde, 1,500 livres à une de ses cousines et autres portés à son testament dont j'ay esté exécuteur testamentaire. »

Pierre Rousseau, fils de Pierre Rousseau et de Marie Chauvegrain, sœur de Catherine Chauvegrain (mère de Pierre Bastard), avait été notaire et échevin à Niort. Il avait la confiance de monseigneur le duc de Navailles, sur la recommandation duquel il était arrivé à l'échevinage (1), et tout porte à croire qu'il était son intendant ou son homme d'affaires. Il mourut en effet au mois de janvier 1684, à Paris, où le duc et la duchesse de Navailles résidaient alors, et au moment de son décès il n'avait pas reçu pour eux moins de 400,000 livres. Le duc de Navailles le suivit de près dans la tombe. Il décéda à Paris, le 5 février de la même année.

La succession de Pierre Rousseau avait donc des comptes importants à rendre à Mme la duchesse de Navailles. Aussi, quand Pierre Bastard, son exécuteur testamentaire, fit le voyage de Paris pour ses affaires du greffe de l'élection, au mois d'avril 1684, Mme la duchesse de Navailles lui fit-elle remettre, non seulement les hardes de feu son cousin, mais encore ses papiers qu'il emporta à Niort, afin de pouvoir plus facilement régler et liquider tous les comptes. Il s'était adjoint pour ce travail M. Gaugain (2) : Mais quelque soin qu'il apportât à cette liquidation, il s'attira des difficultés de la part de M. Chauvegrain et de ses sœurs (3). Lui-même en fait le récit, fol. 47 v°

(1) Archives municipales de Niort. Assemblées ordinaires des 30 mai 1673 et 28 novembre 1674. (Communication de M. Henri Proust.)

(2) C'était probablement Philippe Gaugain, écuyer, seigneur de Saur et de la Bernegouë, échevin, maire et capitaine en 1666. (*Armorial* Bonneau, p. 96.)

(3) C'étaient les enfants de René Chauvegrain (frère de Catherine et de Marie), lequel avait épousé Marie Richier. Ils étaient héritiers de Pierre Rousseau. (V. p. 5, note 2.)

de son livre, avec une simplicité qui nous semble être le meilleur garant de sa sincérité. Il termine en disant : « Cela fait que dans la suite m'ayant esté proposé d'autres exécutions de testament, j'en ay fait refus. »

Il ne les refusa cependant pas toutes, car nous l'avons déjà vu accepter en 1712 l'exécution du testament de Mlle Macé. Il avait aussi accepté en 1704 le soin de veiller, suivant le désir du marquis de Dampierre, à l'exécution de toutes les dispositions de son testament se rapportant au pays. Je possède une lettre de l'abbé de Brilhac, datée de Paris le 12 mai 1704, adressée à M. Bastard, procureur au présidial de Niort (1), dans laquelle cet ecclésiastique, qui était le véritable exécuteur testamentaire de feu le marquis de Dampierre, énumère toutes les dispositions du testament concernant Dampierre et les paroisses environnantes. Pierre Bastard s'acquitta consciencieusement de la mission qui lui était confiée, et échangea à ce sujet une correspondance avec l'abbé Mariel, curé de Dampierre. Il recevait lui-même du marquis, par un codicille, une somme de trois cents livres *pour reconnaissance des soins et peines qu'il prendra* (2).

En 1694, Pierre Bastard fut l'un des commissaires du don gratuit, et c'est lui qui fut chargé d'aller à Poitiers pour en faire la répartition suivant la taxe de monseigneur l'intendant (3).

(1) C'était une erreur. Il n'y avait pas de présidial à Niort.

(2) Quel est ce marquis de Dampierre, mort en 1704 ? Ni la monographie de M. l'abbé Nogues (*Dampierre-sur-Boutonne. — Recueil de la commission des arts de la Charente-Inférieure*, t. vii,) ni la critique de M. Audiat (*Dampierre-sur-Boutonne — Bulletin* de la Société des archives historiques de la Saintonge et de l'Aunis, t. iv, pp. 277 et suiv.) ne permettent de le dire avec précision et certitude.

(3) Ce don gratuit n'était pas le moins du monde volontaire. C'était un véritable impôt établi sur les habitants en vue de leur en épargner un plus lourd. Cela résulte d'un billet imprimé, sans date, ainsi conçu : « M. Pierre Cardinal (ce nom est manuscrit) apportera présentement à l'hôtel de ville, où deux eschevins sont assemblez, la moitié de la somme à laquelle il est imposé pour le don gratuit, afin d'éviter la garnizon dont cette ville est menacée. *Signé :* Pierre Levée, lieutenant de roy, maire perpétuel. »

Ses nombreuses occupations n'empêchèrent pas Pierre Bastard de prêter son concours à l'administration des affaires communales. Beauchet-Filleau, dans son *Diction-naire historique et généalogique des familles de l'ancien Poitou*, dit qu'en 1675 il était l'un des pairs de la ville, et qu'en 1716 il prenait le titre d'ancien échevin. M. le comte Alfred de Bonneau, dans son *Armorial des maires de Niort*, p. 78, fixe à l'année 1700 l'époque de son échevi-nage. Il fut aussi secrétaire du conseil d'administration de l'hospice de Niort (1); et lorsqu'il s'était agi de faire une enquête pour obtenir des lettres-patentes confirmatives de l'arrêt de fondation de cet utile établissement, il fut un des témoins choisis et il émit un avis favorable (2).

D'Hozier, dans son *Armorial général du Poitou*, p. 223, dit que les armes de Pierre Bastard, procureur au siège royal et élection de Niort, étaient de gueule à un château sommé de trois tours d'or.

A propos des armoiries de Pierre Bastard, j'ai trouvé un document intéressant. C'est un exemplaire imprimé d'une ordonnance royale en date du 26 mars 1697, relative à l'exécution de l'édit du roi du mois de novembre précé-dent, prescrivant que les armoiries de toutes les personnes, maisons et familles seraient enregistrées à l'armorial géné-ral. Aux termes de cette ordonnance, l'amende de trois cents livres prononcée par l'édit était encourue par tous ceux qui, après le dernier jour du mois de mars, porte-raient des armoiries à leurs carrosses, vaisselles, sceaux, cachets et autres meubles sans les avoir fait enregistrer.

Soit par suite d'indifférence, soit pour toute autre cause, Bastard ne s'était pas conformé à l'édit du roi. Aussi le 28 octobre 1697, l'ordonnance du 26 mars lui est-elle signifiée avec commandement de payer dans ce jour « ès mains de M⁰ Cortial, recepveur des tailles, commis à cet

---

(1) *Notice historique sur l'hôpital-hospice de Niort*, par Alphonse Frappier. (*Mémoires* de la Société de statistique des Deux-Sèvres, 1ʳᵉ série, t. x, p. 102.)

(2) *Ibid.*, p. 29.

effet, en son bureau scis audit Nyort, rue Saint-Gelays, la somme de trois cents livres. »

Toutefois Bastard ne se pressa pas de payer l'amende de trois cents livres qui lui était réclamée d'urgence et il fit bien. Il ne se présenta en effet chez M. Cortial que le 10 décembre suivant, et il paya pour tous droits, suivant le tarif, 23 livres 10 sols. La quittance imprimée, qui lui fut délivrée et qui est inscrite sous le n° 206 du registre, vise un nouvel édit du roi, du mois de novembre dernier (1697). Il est croyable que cet édit avait accordé un nouveau sursis pour se mettre en règle avec l'édit du mois de novembre 1696.

Non seulement Pierre Bastard était un homme laborieux, dépensant toute son activité à l'accomplissement de ses devoirs professionnels et à rendre service à ses concitoyens. Non seulement c'était un père de famille modèle s'occupant de ses nombreux enfants avec d'autant plus de soin que la mère de famille, Louise Allonneau, lui avait été enlevée dès l'année 1679 ; mais encore et surtout c'était un homme de foi profondément pénétré de l'esprit religieux et donnant à tous l'exemple d'une solide piété.

L'exposé des anciens usages des paroisses de Notre-Dame et de Saint-André, qu'il a écrit lui-même à la suite du registre d'Isaac Bastard (pp. 87 et suiv.), nous le montre suivant assidûment les cérémonies et particulièrement les processions de sa paroisse. Il ne se décourageait pas de se trouver parfois seul homme assistant aux processions des Rogations, et se contentait de se lamenter sur l'indifférence générale. Bien qu'habitant la paroisse de Saint-André, en la rue Basse, il était chévecier de la confrérie de Saint-Nicolas, établie en l'église Notre-Dame. Il est croyable qu'il conserva cette dignité jusqu'à sa mort ; car dans l'inventaire de ses titres et papiers (p. 93) il mentionne les pièces de la confrérie de Saint-Nicolas et recommande de les rendre à celui qui sera chévecier ou de les mettre dans un coffre à Notre-Dame, dont il a la clef.

C'est surtout dans son testament que l'on voit se mani-

fester ses sentiments de foi et de touchant abandon en la
miséricorde divine, en même temps que son humilité. Ce
testament fait en la forme olographe porte la date du
15 mai 1720. Bastard y règle lui-même, de la façon la
plus simple, les cérémonies de son enterrement. Ce sont
ses confrères de la confrérie de Saint-Nicolas qui auront
la charité de porter son corps. Il fait un legs de quatorze
boisseaux de blé à l'hôpital général, un autre aussi en blé
aux pauvres de la ville, un autre de deux cents livres aux
Dames de la Miséricorde, pour être employé dans un fond
au profit des pauvres honteux. Il fait à ses enfants des
attributions de biens, notamment il délaisse à Isaac
Bastard, prêtre, la maison en laquelle il demeure, et il
prend des mesures pour assurer leurs pensions à Françoise
Bastard, sa fille, religieuse au couvent des Dames Bénédictines, sous le nom de *sœur de la Présentation;* à sa
cousine Panier, supérieure des Dames Hospitalières, sous
le nom de *sœur des Anges*, et à sa petite-fille Marie-
Louise Clémanson, entrée comme novice au couvent des
Hospitalières, le 13 janvier 1720. Il explique qu'il ne sera
tenu aucun compte de ce qu'il a eu chez lui ladite Marie-
Louise Clémanson et son petit-fils Pierre Piet, escolier (1).
Enfin il recommande à ses enfants la plus grande union et
de vivre en paix; et il laisse à sa fille, femme de M. Piet,
la boucle d'or qu'il porte au doigt. « Qu'elle ne regarde
point à son peu de valeur, mais d'où elle vient. »

Pierre Bastard décéda un peu moins d'un an après la con-
fection de son testament, le 10 mars 1721, à l'âge de
75 ans. Il était procureur depuis 1665, c'est-à-dire depuis
56 ans.

A côté de ce testament, Pierre Bastard en a laissé un
autre qui est en quelque sorte son testament spirituel.
Cette pièce, dont je possède une copie écrite et signée par
son petit-fils, contient l'expression de sentiments si élevés

(1) Pierre Piet est entré dans les ordres. Il a été pendant de longues
années curé de Sainte-Ouenne, où il est mort le 2 janvier 1787.

et si rares, surtout chez un procureur, que je crois devoir
la reproduire.

TESTAMENT MORAL DE PIERRE BASTARD.

« Je recommande à mes enfants d'avoir toujours la crainte
de Dieu devant les yeux ; faire les debvoirs de bons chrétiens,
avoir la charité, la patience, l'esprit d'humilité et de détachement et les autres vertus chrétiennes ; avoir une dévotion sin-
cère sans se metre en peine du qu'en dira-t-on.

« Consulter Dieu en toutes choses, demander l'intercession
de la Sainte Vierge, de son bon ange et des saints patrons.

« S'il vous arrive quelques adversitez les recevoir comme
des grâces de Dieu pour nous châtier et relever de nos fautes et
nous faire avancer à la vertu ; après avoir donné les premiers
mouvements à la nature, chercher sa consolation dans quelques
chapitres de l'Imitation de Jésus ou autres bons livres.

« Penser souvent à la mort et à nostre fin dernière ; s'aimer
cordiallement les uns les autres, supporter les défaults. S'il
arrive quelques différants, les terminer au plus tost, pensant que
c'est l'ennemi de la paix qui se mesle pour nostre perte.

« Nostre Seigneur nous commande de nous aymer comme il
nous a aymés. Saint Jean, chap. 13 vet 34, 15 vet 12, et saint Jean
en sa première épître, chap. 3 et 4 dit : « qui ayme Dieu ayme son
frère, et qui n'ayme point son frère n'ayme point Dieu. » Dieu
a en abomination celuy qui sème discorde entre les frères.
(Dans les *Proverbes*, chap. 6, 16 et 19.)

« S'il y a quelques inthérets temporels à reigler, prandre
l'avis et s'en rapporter à des parans désinthéressez ou à quelques bons amys.

« Eviter tous procets et sy, par malheur, on entrait en quel-
cuns chercher les voyes d'accomodement et mesme se relascher
et perdre, car en perdant en accomodement on y gaigne beaucoup et ne point s'atacher à un vil et petit inthérêt.

« Ne s'arrester point aux raports et ne laisser pas de conférer
et vivre avecq la mesme amityé avecq ceux qu'on vous a raporté
avoir mal parlé de vous, ou qu'on a dit avoir de l'envie ou avoir
fait quelque chose à notre préjudice, en pensant que voulant
mal et ne pas pardonner on dit sans cesse sa condamnation en
disant le *Pater noster*.

« Quelques fois on s'eschaufe pour une simple parolle où il n'y a point de mauvaize intantion de la part de celuy qui l'a dite ; il n'y a de mal que de nostre part qui en jugeons mal et nostre jugement se trompe souvent ou bién c'est une parole dite par imprudance, et quand bien mesme on y cognoistrait quelque mal il fault excuser et, dans cet estat, on est toujours tranquille et on a une grande consolation intérieure. Comme nostre nature est faible, demander cette grâce à Dieu et combattre notre nature. Se souvenir que le Ciel souffre viollence.

« Ne regarder point à quy fera les premiers pas pour les raccommodemens ; fuir l'oisiveté et travailler dans l'employ où on est appellé, le tout en vue de Dieu ; avoir confiance en sa bonté et sainte Providance.

« Faire l'aumosne ; sy on a beaucoup, donner beaucoup ; peu, donner peu. Se retrancher plus tost quelques choses, c'est le meilleur moyen d'acquérir la grâce de Dieu et aussy le bien temporel. Feu mon père me l'a ainsy enseigné. Ne renvoyer point les pauvres avecq parolles rudes, mais leur parlant avecq douceur. »

Mémoire de feu mon grand-père Bastard, en son vivant procureur au siège royal et en l'ellection de cette ville, habil et honneste homme, plain de charité, qui est mort au mois de mars 1721 en odeur de sainteté.

PIET-LATAUDRIE.

De son mariage avec Louise Allonneau, Pierre Bastard eut onze enfants. Cinq d'entre eux moururent très jeunes ; trois (Izaac, Noël et Françoise) entrèrent en religion, et trois seulement se marièrent, Catherine, Marguerite et François. Comme ce dernier est mort sans enfants, il en résulte que cette branche des Bastard n'est plus aujourd'hui représentée que par les membres de ma famille qui descendent de Marguerite Bastard. Je crois aussi qu'il existe encore des descendants de Catherine Bastard, épouse de Louis Clémanson (1). Mais il peut se faire, sans que nous en ayons la certitude, qu'il existe encore des

---

(1) Du testament de Pierre Bastard il paraît résulter qu'après le décès de Catherine Bastard Louis Clémanson se remaria.

descendants mâles de François Bastard et de Catherine Chauvegrain. En effet, leur fils René, qui épousa Marguerite Racapé, eut deux garçons : René et Louis. René épousa Madeleine Madien et eut lui-même un fils et deux filles. Nous n'avons pas pu jusqu'ici arriver à savoir si ce fils a laissé des descendants et si son oncle Louis Bastard, sieur des Ilardières, s'est marié et a laissé une postérité.

Le livre d'Isaac Bastard était à l'origine bien plus volumineux qu'aujourd'hui. Bien des pages en ont disparu, mais je suis porté à croire que c'était des pages blanches. Nous reproduisons ce livre presque en entier.

Quant au livre de Pierre Bastard nous n'en donnons que des extraits. De nombreuses pages ne contiennent que des comptes sans intérêt. Nous avons aussi omis : 1° Un fragment d'un registre destiné à l'enregistrement des procédures criminelles de l'élection de Niort, commencé le 23 avril 1671. Ce fragment, qui ne prend que deux pages sur le livre de Pierre Bastard, porte en tête la signature de Louis Robert, lieutenant civil et criminel et garde-scel de l'élection de Niort, et relate des conclusions du procureur du roi, signées d'Arnaudet, substitut. 2° Un registre « des quittances de Mre Gabriel Dallet, cy devant commis pour la recepte généralle des sommes ordonnancées pour les francfiefs, quy ont esté représentées par les particulliers et de moy greffier commis soussigné paraphées les jours et ans cy-après cottés. » Ce registre contient, dans le livre de Pierre Bastard, cinq feuillets écrits très fin, au recto et au verso. Ce sont des quittances mentionnant beaucoup de noms de personnes et de propriétés, mais dont la reproduction nous eût entraîné trop loin.

Chacun de ces livres n'est pas, à proprement parler, un livre-journal mentionnant jour par jour les événements et les circonstances dont on tenait à garder note de quelque espèce qu'ils fussent. C'est plutôt un livre de raison dans lequel chaque nature de faits a son chapitre particulier, et où chaque personne en rapport habituel avec la famille a son compte ouvert. Ainsi que nous le trouvons en tête d'une page écrite de la main d'Isaac Bastard, c'est le véritable *papier-mémorial* de la famille et c'est là le titre que nous avons cru devoir donner à notre publication.

Pour plus de clarté et de précision nous répartirons en six chapitres les documents extraits de ces deux livres, suivant en cela la méthode de leurs auteurs. En voici les titres qui indiquent suffisamment ce que chacun d'eux contiendra :

CHAPITRE Ier. — Généalogie de la famille Bastard.

   —   II. — Faits divers se rapportant à l'histoire de Niort. — Prétendue sédition de 1668.

   —   III. — Acquêts faits par François Bastard et par Pierre Bastard.

   —   IV. — Fondations de messes par la famille Bastard.

   —   V. — Anciens usages des paroisses de Notre-Dame et de Saint-André de Niort.

   —   VI. — Extraits du livre de Pierre Bastard.

Ce dernier chapitre seul contiendra des documents de nature diverse, chacun d'eux étant insuffisant pour former un chapitre distinct.

CHAPITRE Ier.

GÉNÉALOGIE DE LA FAMILLE BASTARD (1)

___

I. — Isaac Bastard et Sarra Brisset. — Leurs enfants.

Premièrement. L'extrait de mon baptistaire estant en parchemyn. Du xxe jour du moys de jung mil v^c soixante cincq a esté baptizé Izaac fils de Mathurin Bastard et de Philippe (2) Bazin, et furent pairains Bernard Bourdin et Pierre Ambré et sa mayrayne Jacquette Giles. Ainsi signé Gentilleau, curé de Nostre-Dame de Nyort.

Plus mes lettres de tonsure estant aussi en parchemyn et en latin du xxiiie décembre mil v^c
signées de Sainct Berain (3) et seellées y attachées.

___

(1) Nous avons conservé à cette généalogie son caractère original en reproduisant les extraits baptistaires de chaque enfant tels qu'ils figurent sur les *livres de raison* avec les notes marginales qui y ont été ajoutées, soit par Isaac, soit par François, soit par Pierre Bastard. Ces notes seront imprimées entre guillemets à la suite de chaque acte ; elles seront terminées par les initiales I. B. — F. B. — P. B., indiquant qu'elles émanent soit d'Isaac, soit de François, soit de Pierre Bastard. Nous pensons d'autant mieux faire en procédant ainsi, que les registres des paroisses Notre-Dame et Saint-André conservés aux archives municipales présentent de nombreuses lacunes, et que plusieurs des actes que nous publions se rapportent aux années qui font défaut.

(2) Le prénom de Philippe était donné aux filles aussi bien qu'aux garçons.

(3) L'évêque de Poitiers de cette époque était Geoffroy de Saint-Belin. (Dreux-Duradier, *Histoire littéraire du Poitou,* t. i, p. 29.) Par corruption, il a été désigné ici sous le nom de Saint-Berain.

Plus mon contract de mariage avecq Sarra Brisset, en datte du neufviesme janvier mil v^c quatre vingt cinq signé et passé par Mullot et Gastauld, notaires royaulx en ceste ville de Nyort, dont led. Gastauld a la mynutte.

Avecq une donnation faicte entre nous deux du premier juillet mil v^c quatre vingt huit, reçue et passée par Esserteau et Jousseaulme, aussi notaires royaulx, aussi y attachées et signées, et Jousseaulme a la mynutte d'icelles.

I. — Le second jour de la foyre de Sainct-André de Niort mil v^c quatre vingt cinq est nasqueu le premier de mes enfans envyron l'heure de huict à neuf heures dud. jour.

Et le quatriesme jour de décembre envyron l'heure de quatre heures du soir mil v^c iiij^{xx} cinq fut baptizée *Loyse Bastard* fille de Izaac Bastard et de Sarra Brisset ; et fut pairain Me Pierre Brisset et mayraynes dame Marguerite Cassot et Loyse Brisset. Ainsi signé : P. Brisset, pairain, Marguerite Cassot, I. Bastard, Marie Audoyer comme cousine, F. Bastard, Marie Bichaud, Catherine Audoyer, Marie Brisset, Elizabeth Mullot, Gentilleau, prêtre curé de Nostre-Dame de Nyort.

« Morte ung an et demy emprès. » I. B.

II. — Le douziesme jour de novembre mil v^c iiij^{xx} huict apres vespres fut baptizée *Marguerite* fille de Izaac Bastard et de Sarra Brisset, et fut pairain noble homme Guillaume Bastard cousin, mayraines Marguerite Bonnet grand'mère (1) et Marie Brisset, cousyne. Faict comme dessus. Ainsi signé G. Bastard, Marie Brisset, I. Bastard, Marie Audoyer, A. Defaye, Piet, P. Brisset ayeul de lad. Marguerite et Marie Bertheau et J. Symon, prêtre curé de l'église Notre-Dame dud. Nyort (2).

(1) Marguerite Bonnet devait être la mère de Sarra Brisset et l'épouse de Pierre Brisset dont il est question plus loin dans l'acte.

(2) Il résulte de cet acte qu'à la prise de Niort par les calvinistes, le 28 novembre 1588, le curé de l'église Notre-Dame était J. Symon.

« Morte en l'an 1648. F. B. Elle était mariée avecq Gille Leffroy. Morte sans enfants. » P. B.

III. — Le troisiesme de mes enfans est nasqueu le jeudy seiziesme jour de may mil v^c quatre vingts unze, envyron huict heures du soir et fut baptisé à Saint-Estienne par messire Guillaume Frischet, prêtre curé de Saint-André. Et le sabmedy empres dix huictiesme may 1591, a esté baptizé *Izaac*, fils de Me Izaac Bastard et Sarra Brisset, et sont les pairains Me Danyel Angevyn et Crespin Brisset et mayraine Catherine Arnault. Ainsi signé Brisset, A. Defaye, Piet, Angevyn, Chandelyer, P^{re} Piet, I. Bastard et Frischet prêtre célébrant le service dyvin à Saint-Estienne.

« Mort au grand mal contagieux. » I. B.

IV. — Le   jour de décembre mil v^c quatre vingts treize a esté baptizé *Jehan Bastard* fils de Izaac Bastard et de Sarra Brisset et sont pairains Jehan Robyn et Jehan Esserteau et mairayne Marie de Jua. Ainsi signé P. Brisset grand père dud. Jehan Bastard, J. Esserteau, J. Robyn, I. Bastard et Frischet prêtre célébrant le service dyvin à Saint-Estienne.

« Mort aud. an. » I. B.

V. — Le treiziesme jour d'octobre mil v^c quatre vingt seize a esté baptizé *Rolland* filz de Me Izaac Bastard et Sarra Brisset sa femme, et furent pairains Me Rolland Bariller m^e chirurgien et Alexandre de Faye et fut mayrayne dame Catherine Touppet. Faict les jour an que dessus. Ainsi signé Catherine Touppet, R. Barriller et A. de Faye, oncle pairain, P. Brisset grand père dud. Rolland Bastard, I. Bastard père et Frischet prêtre curé célébrant le service divin à Saint-Estienne.

« Mort aud. an. » I. B.

VI. — Le xiij^e jour de septembre 1599 est nasqueu le sixiesme de mes enfans envyron les huict heures du matin et fut baptizé le mercredy empres xvie jour dud. moys envyron les quatre heures du soir et fut nommé *Nouel;* furent pairains Me Françoys Gastauld et Nouel Pyet et mairayne Marie Moriceau, par messire Jacques Compagnon prêtre pour l'absence et malladie de mons^r le curé Frischet.

VII. — Il y en a ung autre entre les deux (1) qui fut nommé *Jehan,* et furent pairains Jehan Naudyn et Jehan Fradet et la mayrayne Catherine Brisset. Ce fut au moys d'aougst mil vj^c ij.

VIII. — Le sabmedy iiij^e jour d'apvril 1604 sur les cincq heures du soir est nasqueu le huictiesme de mes enfans qui est une fille et fut baptizée le dimanche empres iiij^e jour dud. moys sur les iiij à cincq heures du soir et fut nommée *Jehanne,* et fut pairain Me Jehan Brisset fils de Me Jehan Brisset l'ayné et furent mayraines dame Jehanne Bertheau femme de Me André Louveau et Jehanne Bastard ma sœur.

« Morte en l'an 1648. F. B. — Elle estait mariée avec « Me François Gastaud (2) ». P. B.

(1) Ce qui a trait à ce septième enfant est en interligne sur le registre, ce qui indique qu'Isaac Bastard avait oublié d'inscrire un de ses enfants et qu'il a ensuite réparé cet oubli.

(2) De son mariage avec François Gastaud, Jehanne Bastard eut trois enfants, savoir : 1° Denis ; 2° Laurént ; 3° une fille, religieuse Hospitalière.

Denis Gastaud, pair de la commune en 1675, principal du collège (*Bulletins* de la Société de statistique des Deux-Sèvres, t. vi, p. 475), épousa Marie Bonnin, d'où : François Gastaud, prêtre, chantre de Notre-Dame, et d^{lle} Gastaud qui épousa Moussay.

Laurent Gastaud épousa d^{lle} Noël, d'où : 1° Laurent Gastaud, prêtre chantre de Notre-Dame, comme son cousin qui précède ; 2° Sixte Gastaud, prêtre, prieur de Saint-Clément près Charente ; 3° Jacques Gastaud ; 4° d^{lle} Gastaud qui épousa Arnault Desry.

Jacques Gastaud, prêtre de l'Oratoire, devait être de cette famille. Il est mort le 17 juillet 1628, et a été enterré en l'église Notre-Dame de Niort. (Guillemeau, *Vie de Jacques Gastaud*, p. 31.)

IX. — Le jeudy vi^e jour de mars 1608 envyron les iiij heures du soir est venu au monde une petite fille qu'a heu ma femme et le dimanche empres ixe jour dud. moys a esté baptizée *Magdeleine* fille de moyd. Bastard et Sarra Brisset ma femme et a esté pairain sire Jehan Bardon m^e appoticquaire s^r de la Grange Laydet et mayraynes damoiselles Magdelaine Rousseau, femme de noble homme Philippe Laurence lieutenant du siège et Magdeleine Arnauldet vefve feu honorable homme André Coyault vivant s^r de Santé.

« Morte en 1667. Elle avait espouzé Tristand Boutol-« leau (1). » P. B.

X. — Le premier jour de janvyer 1611 est venu au monde *François Bastard* mon filz envyron les une heure empres mydy et fut baptizé le lendemain et fut pairain Estienne de Bonnay (2) et mayrayne dame Jehanne Jau, les jours et an que dessus.

II. — François Bastard et Catherine Chauvegrain.
Leurs enfants.

J'ay François Bastard, m^e apothicaire esté contracté avect Catherine Chauvegrain le dimanche 5 octobre et espouzé le lundy 20 du dit mois 1636 et passé par Martin et Jousseaume nott^{res} royaulx à Nyort.

(1) Du mariage de Madeleine Bastard avec Tristant Boutolleau sont issus : 1° Pierre, religieux de Fontevrault ; 2° Gille ; 3° Catherine.

Gille Boutolleau épousa Catherine Ravard de Benet et eut plusieurs enfants, savoir : François, Pierre, et plusieurs filles.

Catherine Boutolleau épousa René Aubry, d'où Catherine Aubry, épouse de Jean Primault de Champdeniers.

(2) Estienne de Bonnay avait épousé une sœur d'Isaac Bastard.

Le quinziesme jour de juillet mil six cent quinze a esté baptizée Catherine Chauvegrin, fille de René Chauvegrin, et de Catherine Morrau. Ont esté pairains André Morrau grand père de la dite Catherine et mairaine Catherine Chauvegrain tante dudit Chauvegrain. Ainsi signé Morrau, René Chauvegrain, Chauvegrain, Ph. Besnard.

« Décédée le 2 octobre 1691. »

I. — Le mardy dix huictiesme jour d'aoust mil six cent trante sept, environ les deux heures du soir est né un fils et fut baptizé le mercredy dix neuvième suivant environ la mesme heure et fut nommé *François* fils de François Bastard et de Catherine Chauvegrain conjoints et fut pairain René Chauvegrain et mairaine Sarra Brisset ses grands père et mère. Ainsy signé dans le papier de l'église R. Chauvegrain, S. Brisset, F. Bastard, François Meaulme curé recteur de Nᵉ Dame de Nyort.

« Avait pris l'habit des pères jésuites à Rome, et, après
« avoir demeuré près de trente ans en Italie est venu en
« France et mort au couvent de Poitiers le 7 septembre
« 1695. » P. B.

II. — Le mercredy vingt septiesme jour d'octobre mil six cent trante huict est né un fils environ les trois heures du matin et fut baptizé ledit jour environ les quatre heures du soir et fut nommé *Noel* fils de François Bastard et de Catherine Chauvegrain conjoints, et fut pairain Noel Bastard et mairaine Marie Chauvegrain ses oncle et tante. Fait les dits jour et an que dessus. Ainsy signé dans le papier de l'églisse Noel Bastard, Marie Chauvegrain, F. Bastard, François Meaulme curé recteur de N. Dame.

« Marié en 1666 avec Madeleine Ferré morte sans
« enfants. » P. B.

III. — Le dimanche sixiesme jour de novembre 1639 est venu au monde notre fille environ les huict heures du matin et fut baptizée led. jour environ les quatres heures du soir, fut nommée *Marguerite* fille de François Bastard et de Catherine Chauvegrain conjoincts; furent pairain et mairaine René Chauvegrain et Marguerite Bastard ses oncle et tante. Fait led. jour et an dessus. Ainsi signé dans le papier de l'église Marguerite Bastard, Bastard, François Meaulme curé recteur de l'églisse N⁰ Dame.

IV. — Le dimanche 10 mars 1641 environ les trois heures du matin est venu au monde une fille et fut baptizée le mesme jour envyron les quatres heures du soir par François Meaulme curé recteur de la paroisse de Notre-Dame de cette ville de Nyort et fut nommée *Catherine* fille de François Bastard et de Catherine Chauvegrain; furent pairain et mairaine François Gastaud principal du collège de cette d. ville et Catherine Moreau ses oncle et grand' mère. Fait le jour et an dessus. Ainsi signé dans le papier de l'églisse F. Gastaud, Catherine Moreau, Bastard et Meaulme.

« Mariée en 1667 avec Mᵉ Pierre Allonneau, procu- « reur (1), morte le samedy 9 may 1716 et enterrée le « dimanche 10 en l'église de Saint-André. » P. B.

V. — Le dimanche 2ᵉ jour de mars 1642, après minuit, est venue au monde une fille et fut baptizée le lundy envi- ron une heure après midy par François Meaulme curé recteur de la paroisse de N. Dame de cette ville de Niort, fut nommée *Marie* fille de Françoys Bastard et de Cathe- rine Chauvegrain conjoints. Furent pairain et mairaine Tristan Boutoleau marchand et Marie Chauvegrain ses oncle et grand'tante. Fait le jour et an que dessus. Signé

(1) Le contrat de mariage reçu par Thibault, notaire, est du 26 avril 1667. La sœur de Pierre Allonneau, Louise Allonneau, épousa Pierre Bastard, frère de Catherine et huitième enfant de François Bastard.

dans le papier de l'église : Tristan Boutoleau, Catherine Moreau, Bastard et Meaulme.

« Mariée en 1672 avec Guillaume Laffiton, marchand(1).
« Morte le 2 mars 1718 et enterrée le 3 en l'églize de
« Notre-Dame. » P. B.

VI. — Le lundy 6 apvril 1643 environ les deux heures après midy est venu au monde un fils et fut baptizé le mardy 7 environ midy par François Meaulme curé recteur de l'église N⁰ Dame de cette ville de Nyort. Fut nommé *Jacques* fils de François Bastard et de Catherine Chauvegrain conjoints. Furent pairain et mairaine Jacques Brisset sr de l'Espinette advocat au parlement et Catherine Gastault ses cousin et cousine. Fait le jour et an dessus. Signé dans le papier de l'église : Brisset, Catherine Gastault, Bastard, Meaulme.

« Jacques estait pᵗʳᵉ et chantre de Nostre-Dame, mort
« le 13 août 1694, enterré proche du pupitre. A esté à
« Rome en 1666 et en 1675. La confrairie des pellerins
« est obligée de faire faire un service pour le repos de son
« âme suivant l'acte du 26 febvrier 1695 reçu par Laffiton,
« le jour de Sᵗ-Roc (2). » P. B.

VII. — Le vendredy 5 août 1644 environ entre trois et quatre heures d'après midy est venue au monde une fille et fut baptizée le samedy 6 dudit environ les sept heures du soir par François Meaulme, curé recteur de l'église de Nostre-Dame de cette ville de Nyort, fut nommée *Jeanne* fille de François Bastard et de Catherine Chauvegrain conjoints, furent pairain et mairaine René Chauvegrain son grand père et dame Catherine Bardon

(1) De ce mariage est issu André Laffiton, procureur du roi, qui épousa en premières noces demoiselle Chaigneau, et en secondes noces demoiselle Cortial.

(2) Voir cet acte p. 79.

fille de Mre Bardon m^e app^re, fait le jour et an dessus.
Signé dans le papier de l'église : Chauvegrain, Catherine
Bardon, Bastard, Meaulme.

« Morte. » F. B.

VIII. — Le lundy 25 septembre 1645, entre huict et
neuf heures du soir est venu au monde un fils et fut baptizé
le mardy 26 sep^e entre dix et onze heures du matin par
François Meaulme curé recteur de la paroisse de Nostre
Dame de cette ville de Nyort, fut nommé *Pierre* fils de
François Bastard et de Catherine Chauvegrain conjoints,
furent pairain et mairaine Pierre Bardon sieur de Juilles
médecin docteur de Montpelier et Poictiers et Catherine
Caillier fame de Anthoine Moreau sa tante. Fait le jour et
an dessus, signé dans le papier de l'églisse : Bardon,
Bastard, Meaulme.

« A fait le voyage de Rome en 1663. Marié au mois de
« novembre 1665 avec Louise Allonneau. » P. B.

IX. — Le mercredy 24e octob. 1646 entre les sept à
huict heures du matin est venu au monde un fils et fut
baptizé led. jour environ les deux heures du soir par François Meaulme curé recteur de la paroisse de Nostre-Dame
de ceste ville de Nyort et fut nommé *René* fils de François Bastard et de Catherine Chauvegrain conjoints.
Furent pairain et mairaine René Bordier procureur en
l'élection et au siège royal de ceste ville et dame Catherine
Lévesque fille. Fait le jour et an dessus. Signé dans le
papier de l'église : Bordier, Catherine Lévesque, Bastard,
Meaulme.

« Marié en 1677 avec Marguerite Racapé (1). » P. B.

(1) René Bastard eut deux enfants, René et Louis. René épousa Madeleine Madien et eut lui-même un fils et deux filles. Il était maître apothicaire. Il fut en outre juge-président de la cour consulaire. Enfin il fut élu
troisième échevin en 1715 (*Armorial* Bonneau, p. 78). Dans un état de sa
parenté dressé par Pierre Bastard, Louis Bastard, sieur des Ilardières,
figure comme absent.

X. — Le dimanche 3 novembre 1647, entre les neuf heures du soir est venue au monde une fille et fut baptizée environ les trois heures du soir le landemain lundy 4 dudit par François Meaulme curé recteur de la paroisse de Nostre-Dame de Nyort, et fut nommée *Marguerite* fille de François Bastard et de Catherine Chauvegrain conjoints. Furent pairain et mairaine Pierre Brisseau m^d orphevre et dame Marguerite Briou fame de Serve Butrault aussi m^d orphevre. Fait le jour et an dessus. Signé dans le papier batismal de l'église : Brisseau, M. Briou, Bastard, Meaulme.

« Morte. » F. B.

XI. — Le jeudy de la mi-carême 11 mars 1649, est venu au monde environ les onze heures du soir une fille et fut baptizée le vendredy 12 dudit environ les trois heures par François Meaulme curé recteur de la paroisse de Nostre-Dame de Niort et fut nommée *Jeanne* fille de François Bastard et de Catherine Chauvegrain conjoints. Furent pairain et mairaine Pierre Richier m^e apothicaire et Jeanne de Bonnay veufve de Guichard sieur de Chabosière marchand. Fait le jour et an dessus. Signé dans le papier baptismal de l'église : Richier, Jeanne de Bonnay, Bastard, Meaulme.

« Religieuse Hospitalière (1). » P. B.

XII. — Le samedy 18 juin 1650 environ les cinq heures du soir est venu au monde un fils et fut baptisé le dimanche 19 dudit environ le midy par Jehan Pasquier, prêtre, vicaire de la paroisse de Nostre-Dame de cette ville de Nyort, fut nommé *Thomas* fils de François Bastard et de Catherine Chauvegrain conjoincts. Furent pairain et mairaine Thomas Busseau, prêtre curé de Bessine et Cathe-

(1) Elle figure comme discrète au couvent des Hospitalières de Niort dans l'acte sous seing privé du 18 avril 1710 reproduit pp. 82 et suiv. C'est elle qui est désignée familièrement sous le nom de Jeanneton la religieuse, pp. 61 et 62 en notes.

rine Moreau veufve de feu Charles Le Grand. Fait le jour et an dessus. Signé dans le papier de l'églisse T. Busseau, Catherine Moreau, Bastard, Pasquier vicaire.

« Mort à Poitiers en septembre 1709. Avait espouzé « Marie Paillé (1). » P. B.

XIII. — Le samedy 23ᵉ décembre 1651 environ les cinq heures du soir est venu au monde une fille et fut baptizée le dimanche suivant 24 dud. environ les unzes heures par François Meaulme curé recteur de la paroisse de Nᵉ-Dame de Nyort, fut nommée *Magdeleine*, fille de François Bastard et Catherine Chauvegrain, conjoincts; furent pairain et mairaine François Bastard nᵉ fils esné et Catherine Bastard nᵉ fille. Fait le jour et an dessus. Signé dans le papier de l'églisse Bastard p., Bastard f., Catherine Bastard, F. Meaulme.

« Morte. » F. B.

XIV. — Enfant mort-né.

XV. — Le lundy douziesme jour d'octobre 1654 environ les cinq à six heures du soir est venue au monde une fille et fut baptizée le mardy treize dudit environ une heure après midy par François Meaulme curé recteur de la paroisse de Nostre-Dame de Nyort et fut nommée *Françoise* fille de François Bastard et de Catherine Chauvegrain conjoints. Furent pairain et mairaine honorable

(1) Thomas Bastard, connu sous le nom de Bastard de la Morinerie, habitait Poitiers où il était économe de l'hôpital général. Il eut une fille qui épousa Nicolas Chevreuil, avocat à Saintes, et eut elle-même un fils et une fille. Ce nom de la Morinerie venait de la ferme de la Morinerie située à Saint-Maxire. (*Revue poilevine et saintongeaise*, 3ᵉ année, p. 80.) Cette ferme figure dans un acte du 19 avril 1668, reçu par Jousseaulme, notaire à Niort, et contenant partage de la succession de René Chauvegrain et Catherine Moreau son épouse, grands parents maternels de Thomas Bastard.

homme Mᵉ Simon Angevin mᵉ chirurgien et dame Françoise Barbier fille de la veufve Madᵐᵉ Barbier marchande
au Port. Fait les jour et an dessus. Signé dans le papier de
l'églisse: Angevin, Françoise Barbier, Bastard, Meaulme.

« Mariée en 1676 ou 77 avec Charles Hurtebize, mar-
« chand (1). » P. B.

XVI. — Le vendredy cinquiesme jour de juillet 1658
à dix heures du soir est venu au monde un fils et fut
baptizé le samedy suivant 6 dudit mois environ les cinq
heures du soir par messire François Meaulme curé recteur
de Nostre-Dame de Nyort, fut nommé *Isaac* fils de François Bastard et de Catherine Chauvegrain conjoints.
Furent pairain et mairaine Noel Bastard notre fils et dame
Suzanne Hortier fame de Mʳ Auguste Joubert. Fait le
jour et an dessus. Signé dans le papier de l'église: Bastard,
Noel Bastard, Meaulme.
Le lendemain à six heures du matin fut mort.

III. — Pierre Bastard et Louïse Allonneau.
Leurs enfants.

Extrait du registre de Jacques Allonneau: Le mardy
deuxiesme jour de décembre 1642 est née *Louise*, fille de
Mᵉ Jacques Allonneau, procureur à Niort et de Anne
Clémanson conjoints, sur les dix heures et demie du soir
laquelle a esté baptisée le lendemain en l'églize de Nʳᵉ-

(1) Charles Hurtebize, sieur du Portail, juge des consuls en 1691, pair
notable en 1716. (*Armorial* Bonneau, p. 100.) Il eut plusieurs enfants.
L'un de ses fils épousa une demoiselle Butault et une de ses filles épousa
Alexis Piet, fils d'Anthoine Piet du Fresne.

Dame de cette ville de Nyort par Mre François Meaulme
p^tre curé de lad. paroisse et a esté son parrain honnorable
homme André Clémanson marchant son grand père et
maraine Louise Allonneau sa tente.

Le sept novemb. 1665 j'ay été projetté avecq ma femme
Louise Allonneau, fille de Mre Jacques Allonneau procureur et de dame Anne Clémanson conjoints. Les anonces
furent publiées les 8, 11 et 15 dud. mois par Mre Coupprie
curé de St-André et Mr Cizol, vicquaire de N^re-Dame.

Le contrat fut faict le dimanche vingt deuxième dud.
mois receu par Piet et Thibault notaires royaux et feusmes
fiancés le mesme jour et le lendemain vingt trois mons^r
Coupprie curé nous espouza. Nous demeurasmes chez mon
beau-père depuis led. jour jusqu'au vingt troisième janvier
1666 ensuivant.

I. — Le 8 oct^re 1666, jour de vendredy, ma femme est
accouchée d'une fille qui a esté baptizée le mesme jour en
l'églize parroissialle de St-André par Mre Jacques Couprie
p^tre curé, et nommée *Catherine* fille de Mre Pierre Bastard
procureur et de dame Louise Allonneau ses père et mère.
Fut parain honorable homme André Clémanson, son
bisayeul maternel et maraine dame Catherine Moreau
veuve de René Chauvegrain marchand, bisayeulle paternelle. L'acte est signé Clémanson, Catherine Moreau,
Bastard et Couprie, curé de St-André. Elle est née entre
5 et 6 heures du matin (1).

« Confirmée le 2 may 1681 en l'églize de St-André par
« Mgr Hardouin de la Hogue, évesque de Poitiers. Mariée
« le   janvier 1697 avec Me Louis Clémanson. Trois

---

(1) Ces extraits baptistaires se trouvent à la fois sur le registre de Pierre
Bastard et sur celui d'Isaac Bastard sur lequel son petit-fils Pierre Bastard
les a transcrits. Nous les reproduisons ici en complétant les uns par les
autres les renseignements qui se trouvent sur les deux registres.

« enfants, savoir : un garçon et deux filles Marie-Louise
« et Marguerite (1). Morte le 25 octobre 1700. Enterrée
« dans le chœur de l'églize de Nostre-Dame. » P. B.

II. — Le vendredy 26 aoust 1667 sur les huict heures du
soir ma femme est accouchée d'un fils qui fut baptizé le
lendemain 27 par Mre Jacques Baston p^{tre} chantre de l'églize
parroissiale de St-André et nommé *Isaac* fils de Mre Pierre
Bastard p^r et Louise Allonneau ses père et mère ; et feurent parain et maraine honorable homme François Bastard, m^{re} ap^{re}, son ayeul paternel, et dame Anne Clémanson feme de Mre Jacques Allonneau p^r son ayeulle maternelle. L'acte est signé P. Bastard, Anne Clémanson,
Bastard et Baston p^{tre}.

« Confirmé et tonsuré par mondict seigneur l'évesque
« le 29 avril 1681, à St-Maixant où il estait en pension. —
« Pourveu des chapeles de la Cagouette et des Fouchers
« Mesnagers par la démission de son frère François, en
« 1700. Admis à l'ordre de prestrise par Mgr de la Pouepe,
« évesque de Poitiers, au mois de mars 1704. A fait le
« voyage de Rome en 1700 (2). » P. B.

III. — Le samedy neuf mars 1669 entre six et sept
heures du matin ma femme est accouchée d'un fils, baptisé
le même jour par Mre Jacques Couprie curé de St-André,
et nommé *Pierre*, fils de Mre Pierre Bastard pr^r et de dame
Louise Allonneau conjoints. Feurent parain et maraine
Mre Pierre Allonneau, procureur son oncle maternel et
dame Catherine Chauvegrain femme d'honorable homme
François Bastard m^e app^{re} son ayeulle paternelle. L'acte
est signé Allonneau, Catherine Chauvegrain, Bastard et
Couprie curé.

« Mort le dimanche 5 mars 1679 à six heures du matin

(1) Marie-Louise entra au couvent des Dames Hospitalières (Voir p. 15)
et Marguerite épousa Jean Disleau, marchand. (Note, p. 8.)
(2) Décédé le 8 juin 1736.

« et enterré le mesme jour dans l'églize N^tre-Dame en la
« sépulture de ses ancêtres du costé paternel. » P. B.

IV. — Le dimanche 12 janvier 1670 ma femme est
accouchée d'un garçon sur les 7 heures du matin, baptisé
le mesme jour par led. s^r Couprie et nommé *Jacques*, fils de
Mre Pierre Bastard p^r et de dame Louise Allonneau conjoints, et ont esté parain et maraine Mre Jacques Allonneau advocat son oncle maternel et dame Marie Bastard
sa tente paternelle. L'acte est signé Allonneau, Marie
Bastard, Bastard et Couprie curé.

« Mort le 15 janvier 1677 chez son parrain où il avait
« demeuré despuis qu'il avait esté sevré, et enterré le 16
« dans le cœur de l'églize Saint-André en la sépulture de
« ses ancêtres du costé maternel. » P. B.

V. — Le samedy 21 mars 1671, veille des Rameaux,
sur les dix heures du soir, ma femme est accouchée d'un
garçon, baptisé le lendemain 22 par led. s^r Couprie et
nommé *Noel* fils de Mre Pierre Bastard p^r et de dame
Louise Allonneau conjoints. Ont été parain et maraine
Noel Bastard, marchand, son oncle paternel et dame Marie
Racapé femme de Mre Jacques Allonneau ad^at son oncle
maternel. L'acte est signé N. Bastard, Marie Racapé,
Bastard et Couprie, curé.

« Confirmé par Monseig^r l'Evesque en l'églize de Saint-
« André le 2 mai 1681. A pris l'habit de capucin le
« 8 décembre 1698 et a fait profession à Poitiers le 9 dé-
« cembre 1699. Mort et enterré au couvent des Capucins
« de Tours le 25 feb^er 1718. Il a demeuré à Tours et y a
« fait les fonctions de prieur despuis sa profession jusqu'à
« sa mort. » P. B.

VI. — Le samedy 10 juin 1673, sur les huit heures du
soir, ma femme est accouchée d'un garçon baptizé le lendemain par Mre Jacques Baston p^tre curé de l'églize parois-

siale de St-André et nommé *François* fils de Pierre Bastard p^r et de dame Louise Allonneau conjoints ; et ont esté parain et maraine Mre Jacques Bastard p^{tre} chantre de l'églize de Nostre-Dame de cette ville son oncle paternel et dame Anne Allonneau fille de Mre Jacques Allonneau, sa tente maternelle. L'acte est signé Bastard, Anne Allonneau, Bastard et Baston, curé.

« Mort et enterré en l'église d'Aiffres le 23 aoust audit « an 1673. » P. B.

VII. — Le mardy 29 may 1674 entre midy et une heure ma femme est accouchée d'une fille, baptisée le lendemain par Mre Anthoine Moreau p^{tre} de l'églize de St-André et nommée *Marguerite*, fille de Pierre Bastard procur^r et de Louise Allonneau conjoints ; ont esté parain et maraine Louis Allonneau, m^d son oncle maternel et Marguerite Racapé, femme de René Bastard m^e ap^{re} sa tente paternelle. L'acte est signé Bastard, Allonneau, Marg^{te} Racapé et Moreau p^{tre}.

« Confirmée par Monseig^r l'évesque en l'églize de S^t- « André le 2 may 1681. Mariée avec Me Jean Piet, procu- « reur, le 16 sep^{re} 1696 (1). » P. B.

(1) Jean Piet, seigneur de Grandmaison, procureur au siège royal, échevin en 1716, et Marguerite Bastard eurent sept enfants, savoir : 1º Pierre, curé de Sainte-Ouenne, décédé le 2 janvier 1787 ; 2º Jean Piet, sieur de Maisonneuve, prêtre prieur de Saint-Georges-de-Rex, décédé à Niort le 21 février 1764 ; 3º Catherine Piet, religieuse bénédictine sous le nom de sœur des Anges ; 4º Gabriel Piet-Duplessis, avocat au parlement de Paris, décédé à Paris le 4 novembre 1781 ; 5º Etienne Piet, sieur de la Taudrie, greffier en chef des eaux et forêts, mon bisaïeul, décédé à Niort le 11 mars 1767 ; 6º Marguerite Piet, qui épousa Gabriel Simonneau de Girassac ; 7º Marie Piet qui épousa Pierre Savignac des Roches.

Une note signée par Piet-Duplessis porte ce qui suit :

« Ma mère est décédée le samedy saint 27 mars 1728. Elle fut inhumée le lendemain jour de Pasques en l'église de Notre-Dame, dans la sépulture des Bertons, nos oncles et tantes maternels, qui est devenue celle des Piet. Elle est située dans le bidon entre les deux derniers pilliers de l'église.

« Mon père ne l'a survécue que de deux ans et un mois. Il est mort le

VIII. — Le vendredy 12 juillet 1675, à deux heures trois quarts après midy ma femme est accouchée d'une fille, baptisée le lendemain 13 par Mre Anthoine Moreau p^tre chantre de St-André, et nommé *Françoise*, fille de Mre Pierre Bastard p^r et de dame Louise Allonneau conjoints par mariage. Ont esté parain et maraine Mre Jean Allonneau, son oncle maternel, et dame Françoise Bastard, sa tante paternelle. L'acte est signé Bastard, Allonneau, Françoise Bastard et Moreau p^tre.

« Confirmée par Monseig^r de la Hoguette, en l'églize N^e-« Dame le 21 juin 1682, est entrée au couvent des R. Bé-« nédictines de cette ville le 21 novembre 1700, a pris le « voile blanc le 22 feb^er 1701 et a fait profession le 22 feb^er « 1702 (1). » P. B.

IX. — Le jeudy 2 juillet 1676 ma femme est accouchée d'un garçon entre dix et onze heures du matin, et a esté

25 avril 1730, à Saint-Ouenne chez mon frère le curé, étant sur le point de monter à cheval pour s'en retourner à Niort. Il tomba en appoplexie entre quatre et cinq heures du soir. Il mourut le même jour entre dix et onze heures et fut transféré la nuit suivante à Niort et fut inhumé le 27 avril à costé de ma chère mère dans l'église de Notre-Dame. L'un et l'autre ont emporté avec eux les regrets de toute la ville. Dieu leur fasse paix et miséricorde. — PIET DUPLESSIS. »

Le Bidon était une logette située derrière l'église Notre-Dame et dans laquelle se distribuait l'aumône dite du Bidon. (*Mémoires* de la Société de statistique des Deux-Sèvres, tome xx, 2e série, p. 8.) Mais, par extension, on donnait aussi ce nom à la partie de l'église voisine de cette logette qui, selon toute vraisemblance, communiquait avec elle par une porte qu'on se figure volontiers à l'emplacement actuel de la porte ouvrant dans l'ancienne sacristie. Il y avait aussi là un orgue, et le maître-autel se trouvait à l'orient, sous le grand vitrail. Il n'a été transporté à l'occident qu'en 1770.

Dans l'acte de décès d'Etienne Piet, sieur de la Taudrie, il est dit qu'il fut enterré le 12 mars 1767, dans l'église Notre-Dame, *devant l'orgue, sépulture des Piet*. En rapprochant cet acte de la note ci-dessus de Piet-Duplessis, il est facile d'établir où était la sépulture de ma famille. Elle était dans le chœur actuel, devant le maître-autel, entre les deux premiers piliers, qui étaient autrefois les deux derniers quand l'autel se trouvait sous le grand vitrail.

(1) Portait en religion le nom de *sœur de la Présentation.* (V. p. 15.)

baptizé en l'églize de St-André le lendemain par Mre Monnet ptre et nommé *Alexandre*, fils de Mre Pierre Bastard procr et de dame Louise Allonneau conjoints. Ont esté parain et maraine Me Alexandre Clémanson, son grand oncle maternel et dame Catherine Bastard, feme de Mre Pierre Allonneau, sa tente paternelle. L'acte est signé Bastard, Clémanson, Catherine Bastard et Monnet ptre.

« Mort chez son oncle Allonneau où il avait demeuré « depuis la mort de sa mère, et enterré en l'églize de St- « André le mesme jour qui fut le 23 octobre 1682. » P. B.

X. — Le mardy 24 aoust 1677, sur les dix heures du soir, ma femme est accouchée d'une fille quy a esté baptisée le lendemain en l'églize de St-André par Mre Couturier ptre vicquaire, et nommée *Marie-Louise* fille de Mre Pierre Bastard et de Louise Allonneau conjoints. Ont esté parain et maraine Mre Jacques Bastard ptre chantre de Nostre-Dame, oncle paternel et dame Marie Dotteau feme de Louis Allonneau md tente maternelle. L'acte est signé J. Bastard ptre, Marie Dotteau, Bastard et Couturier ptre.

« Morte le mardy au soir 19 aoust 1681 et enterrée le « lendemain en l'église St-André. » P. B.

XI. — Le mercredy 16 nobre 1678 entre trois et quatre heures après midy ma femme est accouchée d'un garçon qui a esté baptisé le lendemain en l'église de St-André par Mre Jacques Baston ptre curé et nommé *François*, fils de Mre Pierre Bastard pr et de dame Louise Allonneau conjoints. Ont esté parain et maraine Izaac et Catherine Bastard ses frère et sœur. L'acte est signé Izaac Bastard, Bastard et Baston curé.

« Confirmé et tonsuré à Poitiers par Monsgr Saillant, « évesque, le xxiiie aoust 1694. Le 25 aoust 1694 il a esté « pourveu par monsieur le curé de Nostre-Dame des cha-

« pelles de la Cagouette et des Fouchers Mesnagers
« vacantes par le décès de Mre Jacques Bastard, p^tre
« chantre de Nostre-Dame, son oncle, mort le 13 dudit
« mois d'aoust, desquelles chapelles il s'est despuis des-
« mis en faveur de son frère aîné (Izaac) (1). Marié au mois
« de janvier 1706 à Challié-les-Marais avec Françoise-
« Catherine Denis (2). Le contrat de mariage a esté reçu
« par Me Mousset no^re aud. lieu le 19 décembre 1705. Mort
« sans enfants le 12 décembre 1714; enterré à Nostre-
« Dame. »

Le 29 aoust 1679 ma femme se blessa et elle mourut le 23 septembre suivant (3).

P. BASTARD.

Tirez les actes cy-dessus d'un autre papier le 18 avril 1710.

(1) Voir p. 34.

(2) Sur le registre de Pierre Bastard il y a comme ci-dessus que François Bastard s'est marié à Chaillé-les-Marais. Sur celui d'Isaac Bastard il est dit qu'il « a espouzé Catherine-Françoise Denis *de la Rochelle* ». Il est croyable que mademoiselle Denis était de la Rochelle et s'est mariée à Chaillé-les-Marais. Cela est rendu très vraisemblable par cette circonstance qu'elle était veuve quand François Bastard l'épousa. (Acte sous seings privés du 11 mars 1715, portant arrangement sur la succession dudit François Bastard.) C'est François Bastard qui était connu sous le nom de Bastard-Maisonneuve. (V. p. 111 note 3).

(3) Sur son registre personnel Pierre Bastard entre dans plus de détails sur la mort de sa femme. Le malheur voulut que deux jours après l'accident de sa femme il tomba lui-même malade d'une fièvre tierce.

« Dans la suite, dit-il, nous estans remis nous retombasmes tous deux malades le 19 septembre suivant par flevres violantes, quy relaschèrent les deux jours suivants que ma femme croiait estre forte et n'avait soing que de moy; cependant la fievre reprit à ma femme le vendredy matin 22 dud. mois et à moy sur le soir, et à la fin de la fievre le samedy vingt trois ma femme mourut dans ung temps que je ne pouvay estre aupres d'elle. »

CHAPITRE II.

I. — FAITS DIVERS SE RAPPORTANT A L'HISTOIRE DE NIORT[1]

Le mercredy la paix fut publiée.

Le jeudy xii⁰ jour d'aoust 1599, Monseigneur de Poictiers vint en ceste ville pour sacrer et mettre en possession les catholiques, envyron les six à sept heures du soir.

Le landemain l'hostel de Nostre-Dame fut sacré et le landemain celuy de Sainct-André et le dimanche celuy des Cordeliers. I. B.

Je Pierre Bastard, petit-fils dudit feu sr Isaac Bastard, ay tiré de dessus un livre de Mᵉ Fradin ce quy suit :

« Le 13 aoust (2) 1599 l'églize de Nostre-Dame fut « réconciliée et consacrée par Monseigr l'Evesque de « Poictiers, comme aussy feurent les autres églizes de « ceste ville, et pareillement furent publiés les édits du « roy en ceste ville et les catholiques remis en l'exercice

---

(1) Ces faits sont extraits tant du registre d'Isaac Bastard que de celui de Pierre. Aussi à la suite de chacun d'eux mettrons-nous les initiales I. B. et P. B. pour les distinguer et en marquer l'origine. Observons cependant que certains faits ont été consignés par Pierre Bastard sur le registre de son grand-père Isaac ; nous les désignerons quand même par les initiales P. B.

(2) Ce récit est écrit tant en marge qu'en interlignes sur le registre d'Isaac Bastard. Sur son registre personnel Pierre Bastard l'a reproduit avec de légères variantes. Il y a notamment le 19 août au lieu du 13. Mais cette dernière date paraît bien exacte puisque c'est le lendemain de l'arrivée de l'évêque que l'église fut consacrée et que l'évêque arriva le 12 août.

« de leur religion qui leur avait esté interdit despuis la
« prise de lad. ville qui fut le jour des Inocens en l'année
« 1591 (1), comme apert par le procès-verbal qui en a esté
« fait (2) que led. s^r Fradin dit avoir pardevers luy avecq
« les proces-verbaux faits par les commissaires es-pro-
« vinces portées par leur commission.

. « Estait curé à Nostre-Dame Mre Guillaume Frichet qui
« décéda le 19 septembre aud. an 1599 et fut inhumé en
« lad. églize de Nostre-Dame en habit de Cordeliers,
« devant le grand autel.

« Despuis le déceds de Mre Frichet, Mre Jacques Com-
« paignon p^{tre} chantre de lad. églize de Nostre-Dame

---

(1) Lorsque, pour la première fois, je lus ce passage à notre savant
confrère M. l'abbé Largeault, si versé dans l'histoire de notre région et en
particulier de notre cité, il me fit de suite observer qu'il y avait là une
erreur de date. D'après les historiens, en effet, ce n'est pas le jour des
Innocents 1591, que la ville de Niort aurait été prise par les calvinistes,
mais bien le 28 décembre 1588. (Favre, d'après d'Aubigné, *Histoire de la
ville de Niort*, p. 192. — Briquet, *Histoire de la ville de Niort*, p. 325.)

Cependant, quelque invraisemblable que fût une erreur de cette impor-
tance de la part d'un historien contemporain comme Agrippa d'Aubigné,
il eût été intéressant de se reporter aux procès-verbaux des commissaires
qui auraient été déposés en l'étude de Me Fradin, notaire royal à Niort.
Malheureusement les minutes de ce notaire, qui devraient se trouver
aujourd'hui dans l'étude de Me Breuillac, ont disparu depuis longtemps.

Remarquons d'ailleurs que Pierre Bastard, qui est né plus de cinquante
ans après la prise de Niort, en a tiré le récit d'un livre de Me Fradin. Mais
il n'affirme pas avoir vu les fameux procès-verbaux ; il expose seulement
que Me Fradin lui a dit les avoir.

Au surplus, le registre d'Isaac Bastard vient confirmer la date de 1588.
En effet, il résulte des extraits baptistaires de ses enfants, que le troisième
d'entre eux, né le 16 mai 1591, fut baptisé à Saint-Estienne, le 18 mai, par
messire Guillaume Frichet, prêtre, curé de Saint-André. C'est donc que,
même avant le 28 décembre 1591, les enfants catholiques étaient baptisés
en l'église du prieuré Saint-Etienne, par suite de la suppression du culte
catholique à Niort.

(2) Sur le registre de Pierre Bastard il y a : « comme apert par le procès-
verbal qui en a esté fait qui aurait esté receu par Me Fradin qui aurait
recogneu l'avoir avec les procès-verbaux faits par les comm^{res} es-provinces
portées par leurs commissions ».

« aurait toujours demeuré et servy lad. cure jusqu'à ce
« que Mre Philipes Besnard p^tre en aurait esté pourveu par
« Monseig^r l'évesque de Poictiers qui fut au mois de febv^r
« suivant 1600, et le 18 mars suivant léd. s^r Besnard
« aurait pris possession de lad. cure ayant au préalable
« résigné la cure de Saint-Didier de Poictiers à son
« frère.

« Led. s^r Fradin m'a [dit] qu'il espousa sa femme le
« dimanche 5 aoust 1598 en l'églize de St-Estienne hors
« et pres ceste ville de Niort.

« Le vendredy 14 may 1610, Henry 4 roy de France
« et de Navare fut tué à Paris par un meschant homme
« de la ville d'Angoulesme nommé Ravaillac. Et le len-
« demain Louis 13 aagé de 9 à 10 ans fut déclaré roy de
« France et de Navare par arrest de la cour de parlemant
« et consentemant de M^rs les princes. » P. B.

Sur son propre registre Pierre Bastard ajoute :

Led. s^r Besnard estait aussy official à Niort. Lad. année
1600 led. Mre Philipes Besnard fit faire le grand vitral de
l'églize de Nostre-Dame. Cela se justifie par une transaction faite entre luy, le s^r Delaunay et le chévecier de la
confrairie de St-Nicolas par devant led. Fradin, notaire,
le 22e décembre 1600.

La mesme année la paroisse de Saint-Gaudant, qui estait
au chasteau, fut réunie à Nostre-Dame.

Me Grugnet, notaire, a les minutes de Me Fradin et de
Mes Novion, Gastaud, Desmoulins et Rousseau.

Despuis la prise de la ville jusqu'aud. jour 19 aoust
1599, ceux de la religion prétendue réformée, autremant
calvinistes, estaient les maistres, les catholiques allaient
faire baptiser leurs enfans en l'églize du prieuré de Saint-
Estienne au faubourg du Port. Cela se justiffie par le
registre de feu mon grand père Izaac Bastard. (Voir notamment les actes de baptême des troisième, quatrième et
cinquième enfants d'Isaac Bastard, p. 23.) Il n'y avait en

ville aucun exercice de la religion catholique. L'église de St-Estienne estait où sont à présant les R. Pères Capucins quy y ont esté établis en 1610. P. B.

Les mentions par lesquelles Isaac Bastard termine sa première page sont sans intérêt. Il y inscrit certaines personnes auxquelles il doit de petites sommes, comme le greffier, M. de la Pigeonnerie, avocat ; puis certains remèdes contre les maladies subites, les morsures de vipères, le mal des yeux, etc.

A la seconde page, Isaac Bastard n'a guère écrit de sa main que ce qui suit :

La nuict empres la feste Dieu de l'année 1613 fit un grand tonnerre, orage et vimère quy perdit tous les fruicts en divers lyeux circonvoisins de ceste ville, et la grande abondance de gresle quy estait grosse tout comme un œuf de pigeons et autres oiseaux. I. B.

Tout ce qui suit est de la main de Pierre Bastard et se trouve en grande partie reproduit sur son propre livre, avec quelques variantes que nous donnons en note.

Au mois de mars 1657 les deux ponts scitués sur la rivière de ceste ville feurent emportés par les grandes eaux. Au milieu du premier pont y avait un pont levy et un petit a costé pour les gens de pied. Il y en avait de pareils ponts levys aux deux autres portes de la ville.

Le premier, où estait le pont levy fut refait sur la fin de l'année 1662 commancé à la St-Michel et l'autre, quy est le plus pres du port, fut fait en 1663, le tout par les soings de Jacques Brisset escr sgr de Lespinete quy fut continué maire pendant trois ans, issu de germain de François Bastard, mon père (1).

---

(1) Sur le registre de Pierre Bastard il y a : « En 1657 les deux ponts qui sont sur la rivière de ceste ville feurent démolis et renversés par les grandes eaux, une nuit du mois de mars. Il y avait un pont levy au milieu du premier pont pour passer les charrettes, carosses et chevaux, et un autre petit pont levy à costé du grand pont avec des chesnes de fer des deux costés, dans le lieu où est à présent un pont de bois. »

Dans le temps que les eaux sont venues grandes à Boui-
lounouze et dans les caves, j'ay veu deux à trois fois tirer
une pierre à laquelle estait attachée une boucle de fer dans
le Merduson du costé du mur de la maison de mon père
joignant led. Merduson du costé du puy Nalier et les eaux
s'escoulaient. En 1658, il fut fait un canal despuis la grisle
devant la poissonnerie au milieu de la rue du Minage et
des Hasles jusqu'au Merduson scitué au coing de la place
du Château (1).

L'année 1663 il y eut un grand orage et vimère la nuit
du 5 au 6 juillet quy perdit tous les bleds dans la plaine et
autres fruits et arracha les arbres.

En 1674 au mois de juin les Olandais ayant fait une
descente en l'isle de Narmoutier au dela des Sables, monsieur de la Vieuville, gouverneur du Poitou, fit faire un
destachement de 500 hommes d'infanterie de cette ville et
de la compaignie de cavalerie qui estait de près de

(1) Sur le registre de Pierre Bastard on lit :

« Il y a une pierre dans le mur de la maison de mon père à l'entrée du
Merduson qui a une boucle, laquelle on tire lorsqu'il y a de l'eau dans la
cave et les eaux s'escoullent, elle est à présant couverte de betin. Je l'ay
vue tirer deux ou trois fois.

« En 1657, lors de la cheute des ponds, il y eut beaucoup d'eau dans les
caves, mon père fit faire un canal dans sa cave qui passe soubs la cour, va
dans le Merduson. Le pavé de l'église des Cordeliers fut lors eslevé de 6 à
7 pieds, l'églize estant pleine d'eau qui estait fort basse. Il y avait aussi de
l'eau dans les cloistres, ont fit aussy un canal quy commençait devant la
poissonnerie, continuait dans la rue du Minage et soubs les hasles, venait
finir au Merduson quy est au bout des hasles proche le chasteau; par lequel
canal l'eau s'escoulait et on y lavait la laissive. J'estay lors clercq de mon
oncle Chauvegrain, l'eau estait non seullet dans la cave, escuries, cour,
au dessus du puy de plus de 3 pieds et jusque dans la chambre basse et
estude. »

En marge il y a : « Le Merduson est entre le logis de la Pine d'Or et
celuy de feu mon père en allant du chasteau au pallais. »

Ce document vient ainsi pleinement confirmer le cours du Merduson si
exactement décrit par notre confrère M. Emile Breuillac. (Bulletins de la
Société de statistique de Niort, t. v, p. 147.) Voir aussi pour l'envahisse-
ment de l'église des Cordeliers, Augier de la Terraudière, 2º édition, p. 11.
L'étude de Mᵉ René Chauvegrain était en la rue du Minage, dans la maison
dite de la Tenaille. (Voir p. 76, note 2.)

100 hommes outre la noblesse, qui feurent tous en l'isle de Bouin, en sorte qu'il y eut près de 700 habitans qui sortirent de cette ville (1).

En 1696, au mois de juillet les Anglais et Olandais ayant bombardé l'isle de Ré, il y eut un détachement de 200 habitans de cette ville qui feurent à la Rochelle.

L'année 1681 on a commancé à presser Mrs de la R. P. R. (religion prétendue réformée) à se convertir (2).

L'année 1682 il fut envoyé par le roy des missions pour les controverses et conférances. Il en fut envoyé une en ceste ville qui estait célébre de 10 ou 12 docteurs de Sorbonne dont M^r l'abbé de la Pérouse était le chef. C'estait un s^t homme, parent de s^t François de Salles. Il avait de son air.

En 1685 le temple de ceux de la R. P. R. fut desmoly, et ensuite l'esdit de Nantes fut révoqué et tous les temples du royaume desmolis. Les emplacements desd. temples et des cimetières et des consistoires feurent donnés aux hopitaux généraux des lieux.

L'année 1688 fut le commencement d'une grande guerre. Le roy Jacques d'Angleterre, catholique, fut chassé de son trosne, contrainct de se retirer en France avecq la reyne, le prince de Galle, leur fils, né la mesme année, que les Anglais disaient estre un enfant suposé (3). Le prince d'Orange, son gendre, protestant, le déposséda et se fit déclarer roy; et les couronnes d'Angleterre, d'Espagne, l'empereur, tous les princes d'Alemagnes et le

---

(1) Ce détachement, qui était commandé par Augier de la Terraudière, alors maire de Niort, fit bravement son devoir, et au moment de rentrer dans ses foyers il obtint un certificat fort honorable de M. de la Vieuville, gouverneur du Poitou. (Voir ce certificat dans l'*Histoire de Niort*, par Favre, p. 347, avec les noms des officiers et sergents du régiment.)

(2) C'est à ce moment que Samuel Poignand de la Porte, docteur en médecine et religionnaire réformé, quitta le Poitou pour se réfugier en Irlande. (*Bulletins* de la Société de statistique des Deux-Sèvres, t. III, p. 98.)

(3) En marge il y a : « Mort en France. » Jacques II d'Angleterre est en effet mort à Saint-Germain en 1701.

duc de Savoye se liguèrent tous contre la France; la paix fut faite en 1697.

L'année 1700, le roy d'Espagne estant mort sans enfants et ayant nommé par son testament Mgr le duc d'Anjou, la guerre a recomancé plus grande que jamais, le roy de Portugal s'estant mis dans la ligue aussy bien que M^r le duc de Savoye quoyque ses deux filles eussent esté mariées l'une avec monsieur le duc de Bourgonne et l'autre avec monsieur le duc d'Anjou, roy d'Espagne, petit fils du roy.

L'année 1692, les vignes gelèrent au mois de may. Ce quy fut recueilly de vendenges se portait dans des sacs, estant fort dur et en petite quantité. Les gelées continuèrent en 1693 et en 1694. Le vin se vendait 20 s. la pinte. Pendant 18 années, il n'y a eu qu'une année abondante, et qui fut sy abondante qu'il se perdit plus de vin dans les vignes qu'il ne s'en estait recueilly les autres années, à faute de vaisseaux quy avaient esté négligés les années de gelée (1).

Le 26 febvrier 1704, il y eut un tremblement de terre entre 4 et 5 heures du soir. Mon fils le capucin m'a escript de Tours que ce tremblement s'estait fait sentir et entendre par trois secouses à Tours et à dix lieues à la ronde. P. B.

(1) Sur le registre de Pierre Bastard, il y a :

« En 1692 les vignes feusrent gelées d'une sy grande force que ce quy se trouva ensuite de vendenge estait porté dans des sacqs et dans des arases. Le vin vieux se vendait jusqu'à 20 s. la pinte.

« Les vignes ont ensuite gellé plusieurs années et ont produit peu jusqu'en l'année 1707 qu'il y eut abondance de vin, en sorte que les feus estaient plus chers que le vin et ne pouvant pas trouver sufisamment de feus, s'en estant fait peu les années précédentes à cause du peu de raport des vignes, la majeure partie des raisins blancs feurent laissés dans les vignes, le vin se vendit un escu ou 4 l. la barique. Il y eut aussi abondance de bled lad. année 1707.

« Le bled a valeu les années 1705, 1706 et 1707 scavoir le fromant 20 s. ou 1 l. 2 s. et la baillarge 10 s. Le bled de la récolte de 1707 ne se vendait en 1708 que 15 s. le boiceau de fromant, 5 s. la baillarge et 3 s. la mesture. »

L'année 1709, il y eut une sy forte gellée l'hiver qu'elle
perdit non seullet les grands bleds et les vignes, mais
aussy les noyers, chastaigners, et pains. Il n'y eut que les
petits noyers de conservés. Le boiceau de fromant quy se
vendait les années précédentes 15 s. se vendit le vieux
5 l., et le peu quy fut recueilly l'année 1709 pour semer,
dans le commencement 10 l. le boiceau et ensuite 7 l.,
l'orge et le seigle 5 l. le boiceau. Mais il y eut abondance
de baillarge quy se vendait un escu le boisceau parce que
tout le monde en mangeait. En quelques lieux, en Gastine,
on mangeait du pain de racines apelées lallier et aussy
du pain d'avoine, ce quy causa des maladies. En 1710 il y
eut mortalité de mal dangereux (1).

A un autre feuillet de son livre, Pierre Bastard revient sur
l'hiver de 1709 et il s'exprime ainsi :

En 1709, les noyers, chastaigners, oliviers, pains et
figuiers feurent tous gelés aussy bien que les grands bleds
et les vignes. Il gela des arbres quy avaient plus de
300 ans, ce quy a fait croire qu'il y a plus de 300 ans qu'il
n'y avait eu une sy forte gellée. Il n'y eut que les petits

(1) Sur le registre de Pierre Bastard, il y a :

« L'année 1709 il y a eu un sy rude hiver que les noyers ont esté gellés.
Il n'y a eu que quelques petits noyers qui ont poussés, mais tous les gros
noyers ont esté entièrement gellés. On dit qu'il en a esté la même chose
des chastaigners, olliviers, sapins, piniers et figuiers.

« Les bleds et vignes aussy gellés. Il avait resté du fromant en quelques
cantons. Mais il est venu ensuite des brouées, quy les ont presque tous
per.lus, en sorte que des particuliers quy en avaient semés plus de cent
boiceaux n'en ont pas recueilly huit boiceaux. On a fait des baillarges au
mois de may qui ont esté meileures que les premières a cause des pluyes
quy ont continué jusqu'à la fin de juillet, les premières estant de peu de
produit. Les vieilles vignes n'ont point repousé et ce quy a poussé dans les
jeunes a esté gasté par la brouée.

« Le fromant nouveau de 1709 vendu dans le temps de la récolte dix
livres le boiceau et le vieux 7 l. le boiceau. La baillarge et la mesture
depuis l'hiver 1709 a esté vendu un escu le boiceau, celle de la récolte de
1709 aussy un escu. »

noyers qui résistèrent, et il y eut dans nos cantons quentité de baillarge. Le fromant vieux quy ne valait les années précédentes que 15 s. le boiceau et la baillarge 5 s. se vendirent le fromant 5 l. le boic. et la baillarge 3 l. boiceau ras, et il y eut sy peu de fromant nouveau qu'à la récolte il se vendait 10 l. le boiceau et ensuite 7 l., l'orge et le seigle 5 l. le boiceau pour semer.

Le mardy 6 octobre 1711 sur les 8 heures du soir, il y eut un tremblement de terre par deux différentes fois. La première fut précédée d'un grand bruit que je crus estre un tonnerre, et, estant en attention avec ceux de ma maison, le tremblement fust sy grand qu'il esbranla les murs, planchers et vitres de la maison et nous aussy dans nos sièges. Cela obligea beaucoup de personnes à sortir dans les rues.

II. — PRÉTENDUE SÉDITION DE 1668.

Voici maintenant un récit plein d'intérêt. Bien qu'il soit sur le livre d'Isaac Bastard, il est l'œuvre de Pierre Bastard, contemporain des faits qu'il rapporte.

Nous sommes à l'époque des dragonnades. Les gouverneurs des provinces sont de véritables potentats; et pour peu qu'ils aient à satisfaire contre une ville ou contre certains personnages des haines ou des rancunes personnelles, ils abusent facilement de leur autorité. Le Poitou avait alors pour gouverneur M. de la Vieuville (1). Or celui-ci en voulait à la ville de Niort parce que le maire de l'époque ne lui avait pas payé le présent d'usage de 500 livres la première fois qu'il y fit son entrée. D'un autre

(1) Charles, duc de la Vieuville, chevalier des ordres du roi, gouverneur de la personne de Philippe, petit-fils de France, duc d'Orléans et de la province de Poitou, fut blessé à la bataille de Lens en 1648 et mourut le 2 février 1689, âgé de 73 ans. Son fils aîné René-François fut aussi gouverneur du Poitou et mourut le 9 juin 1719. (*Dictionnaire* de Morery.)

côté le duc de Navailles, maréchal de France et gouverneur de Niort s'était attiré la haine de M. le lieutenant-général Jouslard, seigneur de Fontmort, et de M. l'intendant Barentin. Or ce dernier était allié à l'illustre ministre Louvois : c'est assez dire qu'il était tout-puissant.

C'en était trop pour que Niort fût épargné. Aussi dès le 9 octobre 1668 une compagnie de dragons y vint-elle pour y tenir garnison, quoiqu'il n'y eût point d'ordre du conseil. Les soldats étant logés et nourris chez les habitants, c'était pour la ville une bien lourde charge qui ne manqua pas de provoquer des plaintes et d'amener des querelles.

Il y avait peu de jours que les dragons étaient à Niort lorsque quelques-uns d'entre eux eurent, sous les halles, un différend avec trois jeunes gens appartenant aux meilleures familles de la ville, MM. Boursault Saint-Vaize, Fraigneau et Fournier. Les dragons ayant mis l'épée à la main poursuivaient et menaçaient ces jeunes gens, lorsqu'un ami de ces derniers venant à passer voulut les séparer. Mal lui en prit, car les dragons se retournèrent contre lui, le poursuivirent et l'atteignirent au coin de la place du Château et de la rue de la Tête-Noire (1) où il fut tué par l'un des dragons, qui était valet de chambre du capitaine Guéry.

Ce jeune homme, qui venait ainsi d'être victime de sa courageuse intervention, était fils de M. Bastard de la Contardière. Il était lui-même soldat, mais il se trouvait en ce moment en congé dans sa famille.

Le récit de Pierre Bastard est saisissant, le commenter serait en atténuer l'intérêt. Le voici en son entier.

« Le 9 octobre de l'année 1668, il se rendit en cette ville une compaignie de dragons quy resta en garnizon, quoy qu'il n'y eust point d'ordre du conseil. Peu de jours après des dragons eurent différend avec quatre garçons de ceste ville et mirent contre eux l'épée à la main, soubs les hasles, où le fils de M. Bastard la Contardière passant et voulant les séparer, fut poursuivy par lesd. dragons et tué au coing de la place du Chasteau et de la rue Teste-Noire par le vaslet de chambre de Guéry capitaine desd. dragons. Led.

(1) Aujourd'hui rue du Rabot.

Bastard estait, depuis quelques années, dans une compaignie de cavalerie et estait lors venu voir ses parens. Aussitost le coup fait, nombre d'habitans, quy estaient assemblés devant la plasse du chasteau où il y avait des bateleurs, poursuivirent le meurtrier qu'ils mirent en prison (1), et les autres dragons se renfermèrent au logis du *Petit Louvre*, avec les officiers et le sʳ Lemoyne, commissaire, où ils dressèrent un procès-verbal dans lequel ils accusaient les habitans de sédition, qu'ils firent signer à M. Leroy, lors maire, et au juge des marchands (2), à la dévotion de monsʳ Jouslard seigneur de Fontmort, lieutenant-général (3). Peu de temps après il se rendit en cette ville monsieur de la Vieuville, gouverneur de la province, et monsieur Barentin intendant, avecq quatre compaignies de dragons et une compaignie de cavalerie de Foucault, quy entrèrent comme dans une ville rebelle, où ils logèrent particulièrement chez Mʳˢ les eschevins et pairs de la maison de ville. Les moindres logemans estaient de quatre cavaliers ou dragons, et dans les maisons de Mʳˢ Boursault Saint-Vaize, Fraigneau et Fournier, quy estaient pères des jeunes gens quy avaient eu différend avec les dragons de Guéry, il y avait jusqu'à 36 bouches tant d'hommes que de chevaux, le tout à discrétion (4).

(1) Rien ne semble plus naturel et plus digne d'éloges que la conduite de nos concitoyens. Ils sont témoins d'un crime ; ils poursuivent et arrêtent le meurtrier sans se préoccuper de savoir si celui-ci est militaire ou civil. Cependant ils durent payer cher leur courageuse intervention.

(2) Pierre Louveau, sʳ de Croix-Chabans. (*La juridiction consulaire à Niort*, par E. Breuillac-Laydet, p. 60.)

(3) On est vraiment indigné de voir ainsi sciemment dénaturer les faits et altérer la vérité. Il n'y avait eu aucune sédition, mais simplement arrestation du militaire qui avait tué Bastard-Contardière. La suite du récit nous apprend même que dans ce procès-verbal on avait osé alléguer, contrairement à toute vérité, que la population avait poursuivi les dragons à coups de pierres et était allée dans les écuries du Petit-Louvre couper la langue à leurs chevaux. On s'étonne que le maire et le juge des marchands aient apposé leurs signatures au bas d'un procès-verbal si mensonger et qui devait avoir de si graves conséquences pour les Niortais.

(4) On se figure aisément quelle lourde charge était ainsi imposée aux

S'il y avait eu dix mille hommes dans la province, on les aurait fait venir en cette ville, et sy monsieur le comte Darcourt ne s'estait trouvé au conseil, quy remontra qu'il avait ouy dire à monsieur son père que Niort avait esté fidèle au roy lors de la guerre des princes, le pillage aurait esté accordé aux troupes.

« Le tout estait fait à dessein. Monsieur de la Vieuville se plaignait et voulait mal de ce qu'il n'avait pas esté payé de son présent de 500 livres par le maire en charge lorsqu'il fit son entrée en cette ville. Monsieur Barentin, intendant, voulait mal à monsieur le duc de Navailles, mareschal de France et gouverneur de Niort quy avait maltraité monsieur de Boislève, beau-père de monsr Barentin. Monsr de Fontmort et madame son espouze voulaient mal à monsieur de Navailles pour plaintes faites contre led. sr de Fontmort ; et monsieur de Louvois, ministre d'Estat pour la guerre, estait à cause de made son espouze, nepveu de monsr Barentin et petit-fils de monsr de Boislève.

« Il y avait gardes aux portes et corps de gardes, avec des vedettes nuit et jour soubs les hasles et autres lieux de la ville par les dragons et cavaliers. Les habitans estaient dans la dernière consternation. On ne sortait point au soir qu'on ne feust obligé de décliner son nom, et deux habitans estant sortis un jour hors de la porte St-Jean et se promenant dans le grand cimetière de Nostre-Dame, pour plaindre leur misère, ceux quy faisaient garde à la porte les tiraient à balles seules.

« Mr Guiot, es. sr de Lun advat du roy, ayant esté député de la ville pour aller en cour, on s'y opposa et on deffendit au maistre de la poste de luy donner des chevaux. Dans la suite Mr Chebrou, procureur, fut député et obtint par les sollicitations de monsieur de Navailles auprès de mon-

habitants. Mais ce qu'on ne comprend pas à notre époque c'est l'arbitraire avec lequel cette charge était inégalement répartie. Les familles des jeunes gens qui avaient eu querelle avec les dragons étaient punies comme si elles eussent commis un crime, puisqu'on leur imposait jusqu'à 36 bouches tant d'hommes que de chevaux, le tout à discrétion.

sieur Le Tellier, père de monsieur de Louvois, desloge-
mant de partye des dragons.

« Pendant le désordre, monsieur l'intendant fit le procès
criminel aux jeunes gens quy avaient eu querelle avec les
dragons. Il les fit pendre par effigie. Il fit aussy le procès
à d'autres habitans quy feurent contraints d'habandonner.
Monsieur Augier de la Terraudière, très-habile advocat,
estait du nombre à cause qu'il avait parlé pour le public.
Il estait fort éloquant et zélé pour le bien public.
Il a despuis esté maire cinq fois. Sy mons^r l'intendant
avait tenu quelques uns des absens, il les aurait fait
pendre. Il fit assigner les tesmoins quy déposaient contre
le criminel, pour estre recollés à leurs dépositions. Ils
estaient au nombre de quatre, scavoir Mre Jacques Allonneau s^r du Plessis, mon beau-frère, Mr Logerie Ferré (?),
Mr Berton et Mr Rivollet, et lorsqu'ils se présentèrent
pour estre recollés et confrontés au vaslet de Guéry,
il les fit conduire en prison, fit leur procès comme
criminels de sédition (1). C'estait Mr de Sinpie, officier au
siège royal de Fontenay, quy avait soing de la poursuite,
et lorsque les procès feurent instruits, monsieur Barentin,
intendant, s'assista d'officiers de Fontenay, et au lieu de
juger d'abord les quatre tesmoins, parce qu'estant déclarés
innocens leurs dépositions restaient, il jugea le criminel le
premier et fit cognaistre aux officiers de Fontenay qu'il
n'y avait de témoins contre luy que les quatre susnommés,
quy dépozaient luy avoir veu tuer Bastard Contardière,
mais qu'ils estaient criminels, et, sur ce fondemant leurs
dépositions feurent rejetées, et le criminel déclaré innocent
et mis hors des prisons. Le lendemain il jugea lesd.
tesmoins et quelque effort qu'il eust fait, il ne peult
obtenir des juges quy l'assistaient aucune condamnation,

---

(1) L'intendant Barentin ne se contenta pas de faire le procès du meurtrier, il fit aussi celui des jeunes gens qui avaient eu querelle avec les
dragons et même celui de plusieurs habitants qui avaient pris leur fait et
cause ou qui s'étaient présentés pour témoigner en leur faveur. Tous
étuient accusés de sédition.

jusque là qu'un des juges ne peult s'empêcher, en donnant du pied contre le planché de la chambre du conseil, lorsqu'un des tesmoins estait interrogé sur la sellette, de dire : « que fismes-nous hier ? nous délivrasmes Barabas et nous jugeons aujourd'huy les innocens. » On dit que le procureur du roy de Fontenay avait pris des conclusions contre les tesmoins à ce qu'ils feussent appliqués à la question (1).

« Lorsque monsieur l'intendant voulut juger la contumace contre les absans, M^r le doyen des advocats fit assembler leur communauté et nostre communauté des procureurs (2), et nous allasmes tous ensemble luy demander justice pour Mr de la Terraudière. Il nous fit response qu'il fallait demander grâce et non pas justice, que plus ou gratait une playe, plus elle s'estendait.

« Mr Couprie, lors curé de St-André, fit un factum avec le père Grézil, cordelier, prédicateur de la ville, où ils remontraient qu'il avait esté naturel à des habitans quy

---

(1) Pourquoi l'intendant Barentin eut-il recours à des officiers du siège royal de Fontenay, tant pour la poursuite que pour le jugement ? Nous ne pensons pas que cela tienne à des motifs de légalité et de compétence et nous inclinons plutôt à croire (ce qui serait tout à l'honneur de notre vieille magistrature niortaise) que M. l'intendant tenait en suspicion les officiers du siège royal de Niort et craignait de ne pas trouver en eux des juges assez dociles. La manière de procéder indique d'ailleurs quelle passion et quelle partialité on apportait dans cette affaire. On voulait acquitter le meurtrier, et pour cela on commença par emprisonner les témoins en les accusant de sédition. Dès lors il n'y eut plus de témoins et le meurtrier fut acquitté et mis en liberté. Le lendemain on jugea les témoins, et le procureur du roy de Fontenay eut beau conclure à ce qu'ils fussent appliqués à la question, le bon sens des juges l'emporta et ils furent aussi acquittés. Seuls les jeunes gens, que leurs familles avaient eu la prudence d'éloigner de Niort, furent condamnés par coutumace et pendus par effigie.

(2) Cette démarche collective des avocats et procureurs est tout à leur honneur. Elle prouve de plus que, dès cette époque reculée, les meilleures relations existaient entre le collège des avocats et la communauté des procureurs. On peut donc dire que la cordialité de ces relations est de tradition séculaire à la barre de Niort.

estaient assemblés dans une place publique de courir après
le meurtrier d'un de leurs citoyens jusques près le *Petit-
Louvre*, où il fut pris, et que pour faire cognaistre que
c'estait une calomnie de dire que les dragons avaient esté
accablés de coups de pierres se retirant au *Petit-Louvre*,
c'est qu'il n'y avait pas de pierres soubs les halles, et
qu'aussy les langues des chevaux n'avaient pas esté
coupées, comme le tout estait emploié dans le procès-
verbal, puisqu'aucun des habitans n'avait entré au logis
du *Petit-Louvre*, et scavoir très-bien qu'il n'y avait homme
ny cheval blessé. Mais il traita de fou et insensé Mr Couprie quy estait la sagesse mesme, quy a vescu et est mort
en audeur de sainteté. Il avait esté advocat, avant que
d'estre prestre.

« Quoyque j'estais un jeune homme aagé de 22 ans, et
que je ne feusse poinct lors du corps de ville, néanmoing
j'estais sur la liste pour avoir dès le premier jour quatre
dragons. J'en fus garenty par Mr Deschamps soubs-secré-
taire de Mr l'intendant que j'avay cogneu lors des départe-
temans des tailles où j'avay assisté en qualité de greffier de
l'eslection. Mais après le départ de Mr l'intendant, j'eus
un logemant jusqu'au temps de leur sortie de cette ville,
et peu de jours après mon logemant, ayant rencontré
Mr le Maire, il me dit que c'estait un billet que luy avait
envoyé Made de Fontmort, lieutenante générale. C'estait
elle et Mr son espoux quy faisaient signer les billets à
Mr le maire comme ils voulaient. Led. sr maire et sa
femme, dans la suite, sont morts sans biens, luy à Paris et
elle en ceste ville, chez un de ses parents, quy l'avait
retirée. Mr Barentin mourut subitement. On en dit la
même chose du procureur du roy de Fontenay.

« L'affaire a cousté cent mille escus à la ville. Il y a des
familles quy ne s'en sont pas relevées. Lorsque Mr Chebrou
député fut à Paris, Mr de Louvois menaçait de l'envoyer
en grève.

« Monsieur de Rouillé, estant intendant après monsieur
Barentin, restablit et deschargea les contumax des con-
damnations contre eux rendues.

« Mr Barentin, pendant tout le trouble, estait logé chez
Monsr le marquis de Villette, frère de Mad^e la lieutenante
générale, dans la rue Basse, joignant la maison où moy
Pierre Bastard j'ay ma demeure. »

Dans l'*Etat sur l'élection de Niort en 1744* attribué à J.-V.-M
Chebrou du Petit-Château, publié par notre savant confrère
M. Léo Desaivre (*Mémoires* de la Société de statistique des Deux-
Sèvres, 3e série, tome III, p. 259) il est fait allusion à cette
affaire qui est qualifiée de mauvaise aventure, et on ajoute que
plus tard l'innocence des accusés fut reconnue et les jugements
anéantis, mais la ruine de plusieurs familles n'en fut pas moins
consommée.

Abel Bardonnet, dans ses *Ephémérides* (1) donne un extrait
d'une lettre de Louis XIV prescrivant l'envoi à Niort de la
compagnie de chevau-légers de Foucault et de deux compagnies
de dragons. Cette lettre, qui est conservée aux archives municipales de Niort sous le n° 2553, trouve ici tout naturellement
sa place et nous la reproduisons *in extenso* ci-dessous.

Mais ce qu'il y a d'intéressant et ce qui n'avait point
échappé au regretté Bardonnet, c'est que cette pièce porte,
en vedette, que cet ordre du roi n'avait été donné que sur de
faux procès-verbaux envoyés à la cour. Cette note qui est
évidemment l'œuvre d'un Niortais vient confirmer le récit de
Pierre Bastard.

24 octobre 1668. — *Ordre du roy qui envoye encore des gens à Niort.*

DE PAR LE ROY,

Chers et bien améz ayant esté informéz des séditions
quy sont arrivées dans nostre ville de Nyort, estant tres
mal sattisfaict de tout ce quy s'y est passé, nous avons
donné nos ordres pour faire aller en nostre ditte ville la
compagnie de chevaulx légers de Foucault et six compagnies de dragons oultre celle quy y est présentement, et

---

(1) *Mémoires* de la Société de statistique des Deux-Sèvres, 3e série,
tome 1er, p 355.

pour les y faire demeurrer jusques à ce que les coupables des dittes séditions ayent reçu le chastiment qu'ils ont méritté. Nous ordonnons aussy au sieur Deguay lieutenant colonnel de nostre régiment de dragons d'y commander en cette occasion. Et nous vous faisons cette lettre par la quelle nous vous enjoignons très expressement de recougnoistre ledit sieur de Guay et de luy obéir en tout ce qu'il vous ordonnera pour nostre service, de recevoir les dittes compagnies de chevaulx légers et de dragons, de distribuer leurs logements dans les maisons de tous et chascuns les bourgeois et habitants de nostre ditte ville à la réserve des ecclésiastiques, entendant qu'il n'y ayt pas d'aultres d'exampt et qu'il en soit logé chez vous maire et eschevins, et chez les présidents lieutenant général civil et criminel nos advocat et procureur au présidial et tous les aultres principaulx officiers de la justice re   (?) par nostre réglement. Réservez par nostre réglement mesme qu'il soit mis dans les maisons de chascun de vous et de tous les officiers quatre cavalliers ou dragons quy demeureront en garnison jusque à antière punition des dits coupables. Et avons d^e ordre de nous, sy ny fault donc faulter car tel est nostre plaisir. Donné à St-Germain en Laye le vingt quatriesme jour octobre mil six cent soixante huit. *Ainsi signé* Louis *et plus bas* LETELLIER.

Collation a esté faicte des présantes par nous no^{res} et tabellions royaulx à Nyort soussignés à l'original.

A Nyort le douziesme jour de Novembre mil six cent soixante huit.

JOUSSEAULME,   BOURSAULT,
  Not^{re} r.   Not^{re} roy.

Ordre du roy envoyé sur les faux procès-verbaux envoyés en cour ou lon fit croire quil y avait eu sédition à Niort bien quau contraire ce fussent les dragons qui eussent tué de sang froid un habitant, sans qu'ils receussent ensuite le moindre mal.

CHAPITRE III.

I. — ACQUÊTS DE FRANÇOIS BASTARD.

✝

IN NOMINE JESU.

Acquez faicts par moy François Bastard m^d appo^re des quatre cinquiesme partye de la maison où je demeure près et tendant du Merduson au puy Naslier de mes cohéritiers Noel, Marguerite, Jeanne et Magdelaine Bastard en l'année 1647 et 1648, comme appert par les contracts et quittances qui coustent deux mil trois cens soixante quinze livres sans comprendre la rante de quinze livres dhue à l'églisse cy . . . . 2375 l.
et ma cinquiesme partie qui est 475
                                                    ————
                                                    2850 l.

sans comprendre pour 1800 l. de réparations faites à la dite maison.

Acquis de Mr Michel Arnault La Brande et de Marie Louveau sa fame une maison sise devant le placistre du chateau en l'année 1645, le 21 mars, comme appert par le contract qui couste deux mille livres moytié contant, l'autre payée et amortie en l'année 1650, le 14 mai, suivant autre contract . . . . 2000 l.
Plus ay mis et fait faire de réparations p^r . . . 600 l.

Plus acquis de mes beaux-frères Gastault et Boutoleau, à cause de leurs fames Jeanne et Magdelaine Bastard (1) les deux parts d'un journault de terre sis en Romagne au lieu appelé Louche Barrault en l'année 1649 comme appert par le contrat qui couste cinquante et cinq livres et du despuis un autre journault acquis de François Rousseau, selier, y joingnant dont les deux journaulz avaient esté partagez, en l'année 1657, comme appert par le contrat et me coustent cent dix livres, font. . . . . . . 165 l.

Deuxième part à moy. 55

Plus acquis de François Servant et Marie Casault, à cause d'elle, la rante d'un jardin hors la porte St-Gelais près le simetière dhue par Sallard le jeune en chacune année de St-Michel quarante sols en l'année 1645 suivant le contrat que l'acquez a esté fait et me couste quarante livres . . . . 40 l.

Eschangé avec Mr Sallard pour une maison assise au vieux-marché.

Plus acquis de Marie Morisset v^{ve} d'André Cardin par transport qu'elle m'a fait suivant le contrat de l'année 1656 dont elle tenait de Jean Gaugain (2) à rante à 14 boisseau de bled par an sept boisselées de terre sise on bourg de St-Remy ou es environs et me couste que j'ai payé audit Gaugain sieur de Boismallet la somme de deux cent quatre vingt livres, cy . . . . 280 l.

Plus acquis du cousin Simon Picard et de Marguerite Bastard (3) sa fame une maison et bordrie située au petit fief de Ribray, comme appert par le contrat fait et passé

(1) 8e et 9e enfants d'Isaac Bastard et de Sarra Brisset. pp. 24 et 25.

(2) Jean Gaugain, écuyer, sieur de Boismallet, pair en 1615. (*Armorial Bonneau*, p. 96.)

(3) Cette Marguerite Bastard, épouse Picard, était fille d'un frère d'Isaac Bastard et par conséquent cousine germaine de François Bastard.

le 6 septembre 1659 et me couste la somme de huit cent
cinquante livres, cy . . . . 850 l.

Plus aranté et payé une petite maison y joignant celle
du cousin Picard situé aud. lieu, que le beau-frère Chauvegrain (1) a amorty de mes deniers, et subjecte à demy-
boiss. froment et un sol, passé par Mre Jousseaulme et
Arnauldeau et me couste . . . . 260 l.

Plus acquis de Moyze Modet de Magné comme appert
par le contract passé par Rousseau notaire dud. Magné,
en datte du   mars 1660 un petit demi quartier de
préhot ou environ joignant le mien au pas du Gravier et
me couste la somme de cinquante trois livres, cy.   53 l.

Plus amorty la rante ou cens de cent sols par an qui
estait sur les préz acquis de Moyse Girard prez le pas du
Gravier dheuz à M^r d'Estisac seigneur de Magné suivant
le contrat passé par Veillet le 12 may 1660 no^re à Magné
et mis sur le papier censif trois deniers de rente et me
couste la somme de cent livres et quarante livres pour
huict années d'arrérages, le 25 apvril 1660, cy. .   140 l.

En marge, il y a : doit de cens 3 d. à l'article 134 du
papier censif de Magné fol. 17.

Plus acquis de François Sarregoule dem^t à Chamaillard
paroisse de Bessine un demy cartier prés le marois de
St-Remy à 2 s. 6 d. de rante par an, 5 s. aux héritiers
de feu Mr Couprie, partage par indevis, avec deux journaulz de terre sis en Boisse tenant une partie, moytié
ou environ, à St-Remy de la chapelle St-Jean, autre
partie ou moytié à St-Ligaire, scavoir à St-Remy
p^r le siste droit de terrage, à St-Ligaire p^r la disme
et me couste 150 l. passé par Jousseaulme no^re royal le
4 octob. 1660. La moytié ou environ desd. deux journaulz

----

(1) René Chauvegrain, notaire, beau-frère de François Bastard. (Voir
page 5, note 2.)

de terre doivent po^r droit de terrage au siste des fruictz
à la chapelle St-Jean deservie en l'églisse St-Remy
po^r tous debvoirs, Mr St-Martin de Teillou en est le
chapellain ; et l'autre partie ou moytié doit la disme à
St-Ligaire p^r tous debvoirs cy . . . . 150 l.

Plus acquis de Mrs Barbade et Aliver et Mad^e Assailly
une maison située en la rhue basse avect touttes ses appar-
tenances au cense du roy suiv^t le contrat passé par Jousseaume et Arnaudeau no^{res} le 8 octob. 1660 (1) et me
couste la somme de . . . . 1500 l.

Plus acquis de Mad^e Jousselin d^e du Cloubouchet une
petite maison ou escurie située en la rhue basse au cens du
Roy suiv. le contrat passé par Arnauldeau et Jousseaume
n^{res} le 16 octobre 1660 et me couste la somme de.   600 l.
Plus m'a cousté de réparation . . . . . . 600 l.

Plus acquis de Jean Morineau, marchand sargier dem^t
à Saint-Hylaire sur Lotize une vigne contenant un journault et demy situé au fief de la Rataudière apparten^t à
M^r le président des Esleuz au siste des fruitz suivant le
contrat passé par Mes Arnauldeau et Jousseaume le
17 octobre 1660, et me couste la somme de . . 140 l.

Plus de Mr Pinet et Mad^e Boursault sa fame un petit
journault de vigne proche la mienne en mesme droict,
passé le contract par Thibault no^{re}; me couste 60 l. le
5 mars 1664 . . . . 60 l.

Plus acquis du cousin Jacques Brisset et Olive Guignet
sa fame un journault de terre sis aux Houches Barrault
près Romagne subject à disme au prieur de Nyort passé
par Me Jousseaulme signé le dernier apvril 1661 (2) et me
couste. . . . . 95 l.

---

(1) En marge est écrit : « Donné à Allonneau en dot de mariage. » Il avait
épousé Catherine Bastard, fille de François Bastard. (Voir p. 27.)

(2) En marge, il y a : « Le 24 octobre 1665 aranté à Isaac Bastard
à 4 l. 10 s. »

Plus acquis de Monsr Gastault et sa fame une rante dhue sur la maison du curé de St-Florent sise près Notre-Dame (1) suivant le contrat passé par Jousseaume lesné en datte du 7 juin 1661 de trante cinq livres par an payable à deux termes l'un à la St Jean Baptiste, l'autre à Noel, et me couste . . . . 700 l.

Plus acquis de Sébastien Bourdin demeurant au pon un petit apendit joignant une petite grange à moy apartenant à St-Remy; est subject à un demy chappon de rante à M^r le Présidant Laurens à cause de la Sauzée, — et dix sept scillons de terres près la barrière des Houches, et doit une demy charetée de paille ou vingt sols à la fabrice et me couste . . . . 90 l.

Passé par Jousseaulme le 1er janvier 1661.

Par acte du 29 décembre 1672 (2) receu par Mons. Thibault not^{re} royal la demie charetée de paille en consequance d'assemblée du 27 du même mois, a esté commuée en un cierge de cire jaune d'une livre que ma mère s'est obligée payer en chascune feste de Noël, par lequel il appert qu'il est deub en tout à la fabrice de St-Remy quarante sols et deux livres de cierges de cire jaune, scavoir 20 sols et un cierge pour les maisons et ousches des Girard, un cierge pour l'ousche cy dessus acquise de Bourdin et 20 sols pour les maisons acquises des Pellerins et Maistrault cy-dessous employés. L'acte passé avec dame Catherine Chauvegrain ma mère. Le domaine avait été acquis par feu François Bastard comme a esté par lui cy-dessus compté. P. B.

Plus acquis de Mr Dabillon sieur de Chamaillard une rante de dix livres sur une maison sise en la rhue du

(1) En marge : « Donné à Janeton la religieuse ; le 19 juillet 1718 donné le contrat d'acquet du 7 juin 1661 à Mad^e la supérieure des Hospitalières. »

(2) Ce passage est de la main de Pierre Bastard et interligné entre deux articles.

meurier près les Bénédictines comme apert par le contrat passé par Thibault notaire le 13 febvrier 1662 au terme de St-Jean-Baptiste qui me couste (1) . . . . . . 200 l.

Plus acquis de François Mestaier et Jeanne Crevelier sa fame, un journault de terre sise à la loge en 32 scillons au sixte des fruicts dheu au fief de Rivollet et me couste 70 l. fait et passé par Jousseaume notaire royal le 11 juin 1662, cy. . . . . 70 l.

Plus acquis de Louys François et Pierre Pellerins la moitié des maisons de la mestayrie de la Barrière de St Remy estant par indivis avect Jehan Maistreau mareschal comme appert par le contrat passé par Thibault notaire le 4 septembre 1662 et me couste (2) . . 211 l.

J'ai achepté de Mre Dabillon Touliere son office de procureur pour Pierre qui couste neuf cent livres, deux pistolles et demye de pot de vin pour sa fame, le 27 novembre 1663 passé par mon nepveu Rousseau (3) . . 900 l.

Plus acquis du cous. Jacques Careil (?) un pré contenant un quartier tout boissé assis en l'isle de Magné au lieu appellé la Couche Courant à trois deniers de cens aux festes de Noël pour tous debvoirs suivant le contrat passé par Thibault nore le 18 aoust 1664 et me couste . 282 l.

Plus acquis du cous. Babin de Magné un petit pré sis au dit Magné près la Couche Courant à un denier de cens

(1) En marge il y a : « Donné à Janeton la religieuse ». — Ce passage indique que probablement la rue du Mûrier se prolongeait au-delà la rue Saint-Jean dans la rue dite aujourd'hui de l'Arsenal, où l'on voit encore actuellement la porte d'entrée du couvent des Bénédictines.

(2) En marge il y a de la main de Pierre Bastard : « Par l'acte cy-dessus datté du 29 décembre 1672 ma mère s'est obligée payer vingt sols pour une demie-charrettée de paille à la fabrice de St-Rémy à la feste de Noël pour la dite maison. »

(3) En marge il y a : « Pour Pierre. Donné en mariage. » (Voir p. 7)

aux festes de Noël pour tous debvoirs et me couste quarante escus et mon petit marois du bois (que j'ay donné)
sis en la conche d'Espane que j'estimois quatre vingt dix
livres, font tout deux . . . . 210 l.
   Suivant le contrat passé chez Me Thibault le 5 9bre 1665.

Plus acquis de Gille Bastard mon nepveu et de Cathe-
rine Guillemin sa fame (1) la huict^e partye de la mestayrie
de Pied Griffier de Thervin et outre la douziesme party
du caert avéct la maison et fief sans rien réserver de l'hérédité de Mad^e Texier pour le prix et somme de neuf cent
vingt livres, le douziesme apvril 1667 par Thibault.   920 l.

Plus acquis de Mre de Nyort et Louveau consorts leurs
caers et pars de la mestayrie de Pied Griffier de Trevin
avect leurs pars de maison et fief pour et moyennant la
somme de trois cent livres le 16 juillet 1667 par
Thibault, cy . . . . 300 l.

Plus acquis de François Guillemin Sistrac la douziesme
partye dans le quar de la mestayrie de Trevin ou Pied
Griffier pour le prix de soixante six livres et quatre livres
de pot de vin le cinq mai 1668 par Thibault . . 70 l.

Plus une commuation ou eschange de paille en argent
dhue sur certains chambaux de nostre mestayrie de
St-Remy à vingt sols par an et un cierge d'une livre cire
jaune dhu à Noël le 13 novembre 1659.

Plus amorti la rante de saize boisseaux froment et
quarante sols et chapon dheu à Mr Chalmot à cause de son
fief de Rybray sur les maisons et champs tant de la
Morinrie qui en devait cinq boiss.; Mr Pastureau en doit
quatre boisseaux et dix sols; Dupond de Magné trois
boisseaux trois mezure et huict sols six d.; Guitton ou

---

(1) Gille Bastard était fils de Noël Bastard, frère de François. Il épousa
Catherine Guillemin et mourut sans enfants.

Porcherau un boisseau et deux sols six deniers ; Léon Régnault deux boisseaux cinq mezure et six sols et six d. et me couste la somme de quatre cent quarante livres. Me Thibault a passé l'acte le deuxiesme jour de décembre 1667. Je luy dois cinq sols de rante, cy. . . . . 440 l.

II. — ACQUÊTS DE PIERRE BASTARD.

Métairie du Plessis (1).

La mestérie du Plessis (2), paroisse de St-Simphorien coustait à M. Allonneau, mon beau-père en ar-gent (3). . . . . 1450 l.
Plus 80 l. de rente despuis retirée pour. . . . 1600 l.
Plus 100 l. d'autre rente 2000
Plus les terres des Bazins 700
Et deux journeaux de terre de Sareau 60
_____
5810 l.

(1) Dans une intéressante étude intitulée *Recherches géographiques sur les vigueries du pays d'Aunis*, publiée dans les *Mémoires* de la Société des antiquaires de l'Ouest, année 1845, p. 381, M. Léon Faye établit que *Le Plessis* (La Plesse, suivant Cassini), situé à peu de distance de Saint-Symphorien est le *Posciolis* dont il est question dans des chartes de 941, 969 et 978 (Dom Fonteneau, t. LXVI et t. XV. p. 155 et 173). Ces chartes parlent de vignes situées « in pago Aunisio, in vicaria Basiacense, prope villa que appellatur Posciolis » et, dans l'une des confrontations il est dit que ce village touchait d'un côté à l'aleu Sancti Vincentii (de Sanxay). Sanxay est en effet une commune limitrophe de celle de Saint-Symphorien. Quant à la *vicaria Basiacensis*, M. Léon Faye en voit le siège au village de Bassé, commune de Frontenay-Rohan-Rohan.

(2) Fol. 1 bis et suivants du registre de Pierre Bastard.

(3) Jacques Allonneau, procureur au siège royal de Niort, avait acquis le domaine du Plessis, par acte de Jousseaulme, notaire royal à Niort, en date

Elle estait trop chère de mil livres à ce que me dit Jean
Sareau, entien mestaier.

Mon beau-père et ma belle-mère avaient constitué à
mon proffit une rente de 100 l. pour deux mil livres qu'ils
me debvaient d'argent presté. Mais après leur déceds, mes
beaux-frères me dellaissèrent 2760 l. sur la mesterie du
Plessis pour me payer et pour ma légitime, et ainsy
c'estait 760 l. outre les 2000 l. quy m'estaient deubs pour
le fonds de la rente, faisant avec 100 l. à quoy se montait
la maison où je demeure, plus que les 1600 l. quy m'estaient deub pour mon mariage par le raport de l'autre
maison (1). Lesd. 760 l. et 100 l. font 860 l. pour ma
légitime.

Mr Allonneau le procureur eut à prendre aussy sur le
Plessis la somme de 880 l. et Mr Duplanisseau 1360 l.
outre quoy nous estions obligés de payer aux héritiers de
M. Louveau 43 l. de rente, à Mr Belon 25 l. et à Bazin 3 l.
ainsy on nous dellaissait la mesterie sur le pied de. 6420 l.

Dans la suite je paiay à Mr Allonneau 880 l. de laquelle
somme Mr Duplanisseau (2) estait obligé de me rembourser
de 440 l. pour la moytié.

Du despuis j'ay pris la portion de M. Duplanisseau pour
785 l. outre les 440 l. qu'il debvait me payer cy-dessus.
Ainsi il y a perdu 575 l. et elle est encore trop chère, car
elle me couste en argent :

du 10 mai 1661. Le vendeur était honorable homme Anne-Marc Penigaud,
sieur du Plessis, demeurant à Larochesnard. Lui-même tenait le Plessis,
probablement par voie de succession, de son oncle Jacob Penigaud, sergent
royal à Saint-Symphorien, qui, par acte de Brunet, notaire audit lieu, en date
du 3 janvier 1623, l'avait acheté de damoiselle Renée de Barbezière, veuve
de Anne de Champlong, en son vivant escuyer, sieur de la Boisse et dudit
Saint-Symphorien.

(1) Voir p. 110.

(2) Au folio 9, en retournant le registre sur lui-même, il y a : « En 1685,
par acte receu par M. Grugnet, mon beau-frère Duplanisseau m'a laissé
sa portion de la mesterie du Plessis et des bestiaux, à desduire sur ce qu'il
me debvait. »

Pour le fond de ma rante de 100 l. . . . . . 2000 l.
A Mr Allonneau p^r (procureur) 880
A M. Duplanisseau 785
_____
3665 l.

Outre les rentes que je paye montant à 74 l.
dont le fond au denier vingt est de 1420
_____
5085 l.

Sans parler de ma légitime de 760 l. Ainsy je m'en raportay à l'estimation qui en fut faite. Monsr Duplessis quy en fit l'estimation ne voulut point prendre ses droits dessus et il choisit la ferme sur Benet (1). Mr Duplessis et son frère le plus jeune ont eu la mesterie de Benet pour 4000 l. quy est affermée plus de 230 boiceaux de bled. M^r des Fougères (2) a eu ses droits sur la rente de M^{de} de la Bessière (3) qui est abandonnée.

En marge se trouve la note suivante :

M^{de} Allonneau par son testament avait donné à prendre mes droits sur la mesterie de Benet, mais parce que M. Allonneau le jeune et M. Daviaud quy estaient absents ne voulurent point se tenir au reiglement fait par led. testament, il fallut faire un autre partage entre nous.

Les premières années que j'ay jouy du Plessis avec M. Duplanisseau, Charles Brunet en estait mestaier, auquel nous avons fourny de bled pour sa noriture et de sa famille et payé sa taille, pour raison de quoy il nous debvait cinq à six cents livres, suivant l'acte qui est entre les mains de M. Duplanisseau. Il est mort sans avoir laissé aucuns biens. Ainsy ce qui nous est deub est entièrement perdu.

(1) C'était la métairie de la Croix, paroisse de Benet.

(2) Louis Daviaud, seigneur des Fougères, demeurant à la Rochelle, avait épousé Anne Allonneau, sœur de Louise Allonneau et de MM. Duplessis et Duplanisseau. Il eut deux fils dont l'un est mort célibataire ; l'autre épousa une demoiselle Vaslet et mourut sans enfants.

(3) Voir p. 106, note 2.

J'ay passé transaction avec M. Duplanisseau le 11 juillet 1693 et le 9 juillet 1694 par devant Mᵉ Thibault.

J'ay fait faire des réparations au Plessis pour plus de 300 l. Tous les ans j'ay fourny un vaslet qui me couste 25 ou 30 l.

J'ay acquis et joint à lad. mesterie les terres quy estaient dans la petite teragerie du Plessis, scavoir :

Viennent ici une série d'acquisitions et d'échanges, notamment les suivants : ·

Le 19 octobre 1691 j'ay eschangé avec Mʳ Laidin de Sᵗ Simphorien le grand champ de 12 journaux de terre scitué à Sᵗ-Symphorien, et il m'a donné en eschange deux journaux de terre au-dessus *Crameille* (1), un autre journal au *Resnault*, un pré joignant le chemin de Crameille ou de la Vieille Bresse joignant du midy aux deux journaux de terre que j'ay eu de Braud et Soulet, et un autre pré au-dessus, séparé de l'autre par une taillée et pré appartenant à M. l'abbé de Sᵗ-Liguaire.

Led. eschange est double soubs seing privé, par lequel led. sʳ Laidin est obligé de contribuer à l'avenir de 25 l. pour les francfiefs du Plessis. Ainsy à l'avenir il faudra prendre quittence des francfiefs tant pour le propriétaire du Plessis que de ses parsoniers ou donner une recognoissance à Mʳ Laidin de ce qu'il aura contribué.

Le 29 sept. 1691 j'ay eschangé par vente particulière deux journaux de terre près *Pierre levée* à Bizard et luy m'a transporté deux journaux en chaume et pré joignant le grand champ que j'ay dans le *Resneau* et de l'autre costé à la terre que j'ay eu de Laidin aud. lieu du Resneau. (M. Grugnet notaire, le dernier sept. 1691.)

(1) Crameuil appartient aujourd'huy à M. Monteil. Antérieurement il appartenait à M. Lary, ancien principal du collège de Niort et ancien président de la Société de statistique des Deux-Sèvres, décédé en 1859.

ESTAT DES DOMMAINES DE LA MESTERIE DU PLESSIS
POUR FOURNIR DE DÉCLARATION.

De la seigneurie de Sihec (1).

La maison et courtilage du Plessis, le bois (2), le pré
Clou ou Aspic q^t (contenant) 4 quartiers, 4 journaux de

(1) Je possède des expéditions authentiques de deux aveux faits à
« vénérables et discrettes personnes messeig^{rs} les trésorier, chanoines et
chapitre de Menigouste seigneurs de Syec accause de leur houtel et seig^{rie}
du dit lieu de Syec ». Le premier est rendu « le 15 aoust 1496, par David
Brunneau escuyer s^r de Goupille, à cause de damoiselle Duchaigne sa
femme »; le second est rendu « le 10 mai 1507, par Foucault, grand escuyer,
seigneur de Souligné et du Plessis à cause de demoiselle Catherine Ennaye
sa femme ». Tous les deux portent : « mon herbergement du Plessis, le
bois, le pré Clou, tenant audit herbergement enclous dedans les foussés
du dit *hostel* ». Les pièces de terre qui suivent sont faciles à reconnaître
dans l'énumération ci-dessus faite par Pierre Bastard. Ces deux aveux
portent en outre : « Item tient de mes dits seigneurs toutes dixmes de bled,
de vin, d'aigneaux et de laine et autres dixmes quelconques, lesquelles
chauses je confesse et avoue tenir de mes dits seigneurs avec juridiction
moyenne et basse, guarenne et deffent a conils, et peuvent bien valloir les
dites chauses tant à moy qu'à mes dits hommes teneurs et sugets dix livres
de rente ou environ. »

Je possède aussi une expédition d'un « aveu du 20 juin 1680, fait par
Mathieu Buignon, prestre, escuyer, trézorier de l'église collégiale de Saint-
Jean-Baptiste de Menigoute et par les chanoines et chapitre de ladite église
à hault et puissant seigneur messire Alexandre de Baudéan Paraberre,
conseiller du roy en ses conseils, lieutenant général en ses armées et au
gouvernement de Poitou, gouverneur pour sa majesté de la ville chasteau
et comté de Lusignan, comte de Pardaillant, seigneur des terres de la
Rousselière, Rouault, la Geffardière, Montournois, baron du Petit-Chasteau
et à cause de la ditte baronnÿe. »

(2) Ce bois existait encore il y a quelques années. Il a été défriché en
1867. Le terrain sur lequel il était accru présente une particularité :
une de ses portions est plus élevée que le reste et entourée de fossés.
De plus on trouve à fleur de terre de nombreux débris de tuiles à rebord
de l'époque gallo-romaine, ce qui semble indiquer qu'il y avait là, à l'époque de l'occupation romaine, un travail de défense, une sorte de redoute.

terre cy-devant en vigne, (c'est la chaume au-dessus le puy), un journal cy-devant en terre et bois à présant en pasty.

Deux ouches dans les fosses de l'herbergement. (Il fault que ce soit entre le bois et la maison, ou entre la maison et les terres cy-devant en vignes et champ du coy.)

La terre du Coy en deux versaines contenant 4 journaux. (Au-dessus et joignant d'un costé la vigne et de l'autre la terragerie.) Demy quartier de pré apellée la Courgnollée joignant le grand pré. Un journal à la terre du Coy. Une pièce de terre apelée l'Ousche-Clause contenant 3 journaux, joignant au bout vers le midy au grand pré. Le tout se joignant vers orient à autres terres de lad. mesterie du Plessis, du midy au grand pré du Plessis et le bois tousche d'oriant au pré du Plessis venu du s^r. Meusnier, à celuy de Crameille et autres, du midy led. bois tousche au pré de   , du couchant lesd. bois, courtilages et prés tiennent aux prés de la seigneurie du Treil et au pré et terres de la mestairie de Cherçonnay, vers le septentrion au fief et terragerie du Plessis et aux prés du Resneau.

Tenus de lad. seigneurie de Sihec apartenant à M^{rs} les trézoriers et chanoines de *Menigoute* à 10 s. de debvoir noble suivant un dénombrement que j'ay veu entre les mains du fermier de Sihec rendu par lesd. trézoriers et chanoines à la seigneurie du *Petit-Chasteau* près *Vouvans* sis en la jurisdiction dud. *Vouvans* (1).

(1) C'est l'aveu de 1680. (p. 67, note 1.)

Le Plessis, comme la paroisse de Saint-Symphorien dans laquelle il se trouvait, dépendait de la province de Saintonge. Cependant la maison et les terres qui viennent d'être énumérées relevaient de la seigneurie de Sihecq en la province de Poitou. Cette situation singulière devait amener des complications. En effet le 10 avril 1603 une saisie féodale fut faite à la requeste des trésorier, chanoines et chapitre de l'église de Saint-Jean de Menigoute, du diocèse de Poitiers, seigneurs temporels de la terre de Sihecq en Poitou, sur messire Charles de Barbezière, seigneur de Saint-Symphorien et du Plessis, faute de foy, hommage, aveu et dénombrement, droits et devoirs non payés de la maison fief et seigneurie du Plessis. A la suite de cette saisie, le s^r de Barbezière présente requête au parlement de Bor-

Il y a en outre dans led. desnombrement deux quartiers de pré appelé le Plessis joignant le bois du prieuré de Frontenay, la Guérande entre deux, dont on ne jouit pas à moing que ce ne soit celuy quy est rendu à Cherconnay.

De Saint-Simphorien. — *Nobles employés en la nommée du 28 juin 1688* (1).

Le droit de terrage au sixte des fruits payable sur le lieu, sur dix journaux de terre en une pièce de terre

deaux et en obtient un arrêt qui évoque la saisie féodale et les procédures faites en conséquence et fait défense aux trésorier, chanoines et chapitre de Menigoute d'attenter au préjudice de ce qui était pendant en la cour. Cet arrêt fut signifié au chapitre, mais celui-ci obtint du sénéchal de Sihecq une sentence faisant défense au sr de Barbezière de s'aider dudit arrêt (3 novembre 1603). Le 18 mai 1605 le sr de Barbezière obtient un arrêt du grand conseil à fin de règlement de juges. Devant cette haute juridiction, chacun produit ses moyens de défense et le grand conseil rend, le 30 septembre 1606, un arrêt confirmant les procédures du sénéchal de Sihecq et renvoyant les parties devant le parlement de Paris pour y procéder sur leurs différends. C'était donner complètement raison au chapitre de Menigoute.

Dans une consultation de 1778, écrite par Gabriel Piet Duplessis, avocat au parlement de Paris, et à laquelle nous empruntons ces renseignements, on va jusqu'à conclure que la maison du Plessis et les terres relevant de la seigneurie de Sihecq étaient situées en la province de Poitou. Nous pensons que l'arrêt de 1606 ne pouvait pas avoir cette portée et qu'il tranchait simplement une question de juridiction. A la suite de cette consultation se trouve la copie d'une lettre en date à Paris du 9 mai 1778, écrite par Piet Duplessis à Mme Malvin de Montazet, dame de Saint-Symphorien. Cette dame prétendait que la métairie du Plessis lui devait des corvées et Piet-Duplessis, qui en était propriétaire, soutenait que, la maison relevant de la seigneurie de Sihecq, ces corvées n'étaient pas dues. J'ignore si ces difficultés ont été portées devant la justice ou si les parties ont fini par s'entendre.

(1) Dans les papiers de Pierre Bastard, j'ai trouvé cette nommée ou aveu et dénombrement du 28 juin 1688. C'est un acte authentique passé à cette date devant Grugnet et Laflton notaires. L'aveu est rendu à « Charles Mallevin, chevallier, seigneur de Permet et de la Chastellenie, terre seigneurie de Saint-Symphorien ». — Le 21 août 1717, par acte des mêmes

scituée près la maison et mesterie du Plessis apartenant
à l'avouant, de laquelle en apartient deux journaux au
sʳ Malineau et autres propriétaires de la mᵗᵉ de Crameil
et despendant de leurd. mesterie, et le (surplus) apartient
à l'avouant comme estant aux lieux d'Anthoine Sarreau,
Laurans Briand, Clément Soullet, Malineau, Brossard et
Mᵉ Jacques Fradet, tenant lad. pièce de terre vers oriant
au chemin de la grue quy conduit à Bessines, vers le
midy et occidant aux terres de lad. mesterie du Plessis
et du septentrion au pré de la grange de Bessines despendant de l'abbaye de Sᵗ-Liguaire et au pré venu
de M. Sardin.

Sujets aussy à dixme à la seigneurie de Sᵗ-Simphorien.

La nommée a esté rendue par moy Pierre Bastard,
procureur à Niort et y demeurant, tant en mon nom que
comme père et loyal administrateur de mes enfans et de
deffuncte Louise Allonneau, vivante ma femme et, en

---

notaires, Pierre Bastard rendit encore aveu au seigneur de Saint-Symphorien, qui était alors « Geoffroy de Mallevin conseiller au parlement de Bourdeaux ». — Plus tard, le 12 février 1754, par acte de Ducrocq et Moriceau, notaires royaux, Piet-Duplessis, avocat au parlement de Paris, héritier de Marguerite Bastard, qui l'était elle-même de Pierre Bastard son père, rendit aveu à « messire Anne-Charles-François de Malvin marquis de Montazeth comte de Plassac, Maumon et autres lieux au nom et comme mary de dame Marie-Anne de Malvin, seigʳ et dame de la terre, seigneurie et châtellenie de Saint-Simphorien ».

En rapprochant cette note des précédentes, nous pouvons établir comme il suit la série, quelque incomplète qu'elle soit, des seigneurs et dames de Saint-Symphorien.

1º David Brunneau, sgr de Goupille, à cause de dame Duchaigne, sa femme, en 1496.

2º Foucault, sgr de Souligné et du Plessis, à cause de dame Ennay, sa femme, en 1507.

3º Charles de Barbezière, sgr du Plessis et de Saint-Simphorien, en 1603.

4º Renée de Barbezière veuve de Champlong, en 1623.

5º Charles Mallevin, en 1688.

6º Geoffroy de Mallevin, en 1717.

7º Anne-Charles-François de Malvin, marquis de Montazet, en 1754.

8º Dame de Malvin de Montazet, en 1778.

cette qualité, héritière en partye de deffunct Mre Jacques
Allonneau et dame Anne Clémanson, vivans conjoints,
mes beau-père et belle-mère, à Mre Charles de Malvin
chevalier, seigneur etc., à cause de sa chastelainie et
seigneurie de St-Symphorien au debvoir de 10 s.
d'ayde de debvoir à mutation d'homme et de seigneur
lorsque led. seigneur fait son homage au seig^r-baron de
Mauzé suivant le contrat de vente du 3 jan^er 1623 fait par
dam^elle Renée de Barbezière lors dame de St-Simpho-
rien à Mre Jacob Penigaud par Brunet notaire à S^t-
Simphorien.

Rostures de St-Simphorien.

Deux journaux de terre scitués au terrouer de Combaufret
tenant d'occidant au centier quy conduit du pré renfermé
à la Guilardrie, du midy au chemin dud. pré renfermé à
la Tranchée et du septentrion à la terre de Cristophle
Bouin, tenus à l'unzain pour terrage portable au chasteau
dud. St-Simphorien et à dixme à Bessines.

Plus les deux tiers d'un journal de terre scis en Guiran-
deau estant par indivis avec Franc. Coyault tenant .....
etc. Plus douze scilons de terre scitués au Resneau tenant
d'un costé vers oriant à autre terre de l'avouant et d'occidant et midy aux terres de la met^rie de Cherconnay et du
7^on au pré du s^r du Presneau, tenus à trois deniers de cens
noble et à dixme au treize.

Plus un quartier de pré ou environ en la rivière
du Plessis, tenant d'un costé vers le midy au pré de la
m^rie de Crameille, autre à Monplaisir et de toutes les
autres parts aux prés et bois de l'avouant, tenus à
4 deniers de cens en chacune feste de Noël pour tout
debvoir, led. pré acquis par led. Bastard de M. Laurans
Meusnier.

De la seigneurie de Cherconnay.

Prem^t treize journaux scitués prés la Chapelle de

Ste-Marie-Madeleine de Cherconnay (1), tenant vers l'oriant à la terre dud. Cherconnay d'un bout vers le midy à autre terre de Cherconnay, d'autre bout vers le 7on au pré de l'abbaie de St-Liguaire et vers occidant au chemin de Niort à Frontenay.

Plus huict journaux de terre apellé le champ de Ste-Marie tenant d'un costé vers oriant au chemin de Frontenay à Chanteloup, d'autre vers occident à la terre de Cherconnay, du midy à la terre de la mrie du bois du Jard, d'autre bout vers le 7on aux prés qui feurent de lad. Chapelle.

Plus ..... etc.

Plus quatre journaux de terre ou environ près led. lieu tenant d'un costé vers oriant au chemin de Frontenay à Chanteloup, d'autre, vers occidant à la terre de mrie du bois du Jard, d'un bout vers le midy aux prés quy feurent de lad. Chapelle d'autre vers le 7on à la terre de la mrie de St-Gauden.

Plus un quartier de pré ou enon assis au lieu apellé Le Plessis tenant d'un costé vers oriant au pré de la seigneurie *du Treuil*, d'autre vers occident au bois de la seigrie de Frontenay un fossé entre deux, d'un bout vers le midy au cours de la Guérande, d'autre bout vers le 7on au chemin quy conduit de la mrie du Plessis au pond du gué près Cherconnay un fossé entre deux, tenus les d. domaines avec trois quartiers de pré ou environ scitués du Resneau au chemin de Frontenay à Chanteloup possédé par le seigr de St-Simphorien le tout noblet et sujet à douze deniers d'aide de debvoir à mutassion de seigneur et lorsque led. sr de Cherconnay fait hommage à mgr de Frontenay.

Plus est tenu noblet un journal de terre faisant moitié de deux journaux scis près Cherconnay tenant des deux costés vers l'oriant et occidant à la terre de Cherconnay et du Plessis et des bouts à la terre du Plessis, sujet à dix deniers d'aide de debvoir à mutation de seigr lorsque

---

(1) Les renseignements nous manquent absolument sur cette chapelle.

led. s^r de Cherconnay fait son hommage au sg^r de Frontenay.

Rosturiers de Cherconnay.

Un journal moitié de la pièce contenant deux journaux dont l'autre est tenue noble^t cy-dessus et soubs les memes confrontations, sujet au sixte pour terrage portable à la mestérie de Cherconnay.

Plus une pièce de terre contenant 4 journaux renfermée ..... etc., tenue à 6 d. de cens au seig^r de Cherconnay et au 24 des fruits pour demie dixme au seig^r de St-Simphorien.

Il y avait de Pierre-Levée et Clérias un journal de terre à la Sablière, plus un autre journal aud. lieu sujets au sixte et à dixme. Transportés par Bastard à Jean Bizard de Pierre-Levée par contrat du 29 sep^bre 1691 reçu par M. Grugnet, et le d. Bizard transporta le mesme jour deux journaux partie en chaume, partie en pré au Resnault. Ce fut un eschange.

De la grange de Bessines, abaye de Saint-Liguaire.

Première^t un journal de terre scitué à Crameille tenant des deux costés.....

Plus un journal à la ville de St-Liguaire touchant d'un costé vers oriant au chemin de la ville de St-Liguaire, du midy.....

Plus un journal et demy au Resneau tenant d'un costé vers oriant à la chaume du cardinal, du midy.....

Plus 12 journaux y compris 20 scilons de longue versaine scitués dans le Resneau tenant d'un costé vers oriant et d'un bout vers 7^on aux chaumes de la m^rie de la Chesne (1), d'occidant à la chaume de Chantigny, du midy à aure terre du Plessis. Plus..... autre.....

(1) En 1643 la maison noble de la Chesne, paroisse de Bessines, était habitée par Pierre Roy, marchand, dont la fille, Nicolle Roy, épousa Laurent Berton. (Contrat de mariage du 30 août 1643 reçu par Jousselin, notaire à Frontenay.)

Tenus au sixte.

Plus 2 journaux en 56 scilons au Resneau tenant d'un bout vers le 7^{on} aux 11 journaux cy-dessus, d'un costé vers oriant et au midy à autres terre et prés du Plessis.

Tenu moitié au sixte, l'autre moitié à dixme à la cure de Bessines.

Un quartier de pré ou environ tenant vers oriant à la terre et pré du Plessis le chemin de Chanteloup entre deux, du midy au pré de la grange de Bessines du 7^{on} à autre terre du Plessis.

A 3 d. de cens.

Deux quartiers et demy à la vieille Bresse tenant.....

Plus demy quartiers aud. lieu séparé de celuy cy-dessus par la taillée de Bessines.....

Lesd. deux pièces à 9 d. de cens en parsonnerie avec le s^r Soullet.

Plus 22 scilons touchant ..... d'autre bout à la terre de Mr de Chantigny. Plus un grand journal.....

Lesd. 3 pièces tenues au sixte à la grange de Bessines.

Fol. 4 bis, r°. — Par le partage de l'hérédité de mes père et mère du mois d'octobre 1691 reçeu par Me Grugnet il m'est escheu la moitié d'une mesterie en commun avec Monsieur Macé scituée à Trevin parroisse de Chauray apellée Puygreffier et la moitié du fief de vigne apellé Gabrielle.

La mesterie est affermée à Franc. Naslin 80 bo. froment 80 bo. seigle et 140 baillarge et suffrages pardevant M. Grugnet le   1693 , dont il me revient la moitié.

Les 5 et 8 janvier 1720 et le 18 avril pardevant Me Grugnet j'ay acquis des héritiers de Melle Macé l'autre moitié de la mesterie de Puygreffier pour.   2181 l. 11 s.

Fol. 4 bis, v°. — Plus j'ay eu en partage la *Maison-*

Neuve (1) autrement *la Plante* près Sᵗ-Liguaire chargée de 9 l. de rente constituée envers Mʳ Palardy-Montigny. Le 22 fev. 1693 j'ay amorty la d. rente pardevant Mʳ Grugnet.

Fol. 12, rº. — Plus ayant laissé à ma tante Chauvegrain la mesterie de Censay et une rente deuhe sur deux borderies à la Ganacherie, quy estaient tombées au lot de ma deffunte mère par le partage fait en 1689 et ayant au mesme temps pris *le logis de l'estoile. du Nor* (2) et autres dommaines quy estaient tombés au lot de ma tente, comme la rente de la Ganacherie estait tombée au lot de mon frère de Poitiers (3) par le partage fait après le décès de ma mère au mois d'octobre 1691, pour le desdommager nous avons laissé à mon frère deux journaux de terre scitués en Frichasse près la Thoumaserie parroisse de Sᵗ-Florant et un journeau de terre près Galuchet, lesquelles terres mon frère m'a laissées moyennant la somme de deux cens livres que je luy ay payée pour son desdommagemant. J'ay vendu les deux journaux de Frichasse à Mʳ Charrier, fermier du prieuré le ..... octob. 1698.

(1) C'est probablement de cette propriété qu'un des enfants de Pierre Bastard tira son nom de Bastard Maisonneuve. (Voir pp. 39 et 111, en note). Par suite du mariage de Jean Piet avec Marguerite Bastard ce domaine passa ensuite à la famille Piet, dans laquelle elle est restée jusqu'au milieu de ce siècle.

Autrefois mes aïeux allaient, au printemps, à la Plante, en changement d'air et pour y faire une cure au petit lait. (Lettre de Jacques-Etienne Piet-Lataudrie, du 1ᵉʳ floréal, an V.)

Plusieurs membres de la famille Piet ont aussi porté le nom de Maisonneuve, notamment Noël Piet, sʳ de la Maisonneuve, qui fut notaire royal à Niort de 1663 à 1680. Mais comme il était contemporain de Bastard-Maisonneuve, il est permis de croire qu'il tirait son nom d'un autre domaine.

(2) Le logis de l'étoile du Nord était situé en la rue du Minage. Elle joignait par le derrière la rue Rochette, et touchait d'un côté la maison des héritiers de Jacques Assailly, sieur de Maison-Blanche, et de l'autre côté la maison de la Tenaille. (Partage du 19 avril 1668 par Jousseaulme, notaire royal à Niort.)

(3) Thomas Bastard habitait Poitiers, où il était econome de l'hôpital général.

Fol. 13, v°. — Deux journaux de terre au-dessus le *cimetière* Nostre-Dame devant les prés Fouscher joignant au chemin de St-Symphorien et d'autre au centier quy va du cimetière à St-Florant, acquis de M. Jamois le 29 sept. 1696 avec 4 boisselées de terre près Lesson et une ousche à Benet par contrat receu par M. Grugnet.

Transporté à mon fils le prêtre le 28 o^{bre} 1707.

Fol. 17, r°. — Le 2 aoust 1700 j'ay acquis de Monsieur le chevalier de Pierre-Levée une pièce de pré appelée le Grand Roustin scituée contre le Presneau au-dessous de Pierre-Levée pour 1500 l. par contrat receu par M. Grugnet. Il estait afermé 150 l.

Fol. 22, r°. — La maison devant le vitral de Nostre-Dame affermée à François Joffrion picqueur d'escardes le 25 may 1716 payable à deux termes, premier terme à Noel 1716 et l'autre à la St-Jean 1717.

Fol. 6, r°, en prenant le livre par l'autre côté. — Hélie Baudouin, m^e menuisier me doibt annuellement en chacune feste de N^{re}-Dame de mars la somme de trente cinq livres de rente sur et pour raison de la maison où il demeure sise rue Teste-Noire (1) et faisant le coing de la venelle quy traverse en la rue du Merduçon du costé du chasteau.

Le s^r Morin m^e tondeur tient à ferme du cousin Aubry (2) et de moy la maison où il demeure sise grande rue St-Gelais au-dessoubs *la Grue* moyennant 59 livres par année, quy est pour ma moitié 29 livres dix sols payables à deux termes es festes de St-Jean-Baptiste et Noel. J'ay acquis lad. moitié de maison des cousins Boutolleau par contrat receu par Thibault not^{re} royal en cette ville au mois d'aoust 1672.

(1) Actuellement rue du Rabot.
(2) René Aubry avait épousé Catherine Boutolleau, fille de Tristant Boutolleau et de Magdeleine Bastard.

Affermé à Cardinal à la St-Jean 1692 par acte passé par Me Grugnet.

Le 5 octob. 1694 receu pour moy 12 l. et pour le cousin Primault 9 l. 8 s. faisant avec 2 l. 12 s. de don gratuit 12 l. le tout pour une année de loyers escheue à la St-Jean-Bap^{te} dernière et donné quittance.

Fol. 9, r°. — Le 26 aoust 1672, j'ay acquis la moitié de la maison de l'hérédité de ma tente Boutolleau 640 l. Le total n'est à présant affermé que 24 l. c'est pour ma moitié 12 l.

Morin tondeur en a jouy quy me doibt 90 l.

Le 9 aoust (ou avril) 1698, j'ay acquis l'autre moitié du cousin Primault et de Catherine Aubry, sa femme, fille et héritière de René Aubry et de Catherine Boutolleau pour 224 l. Ladite Boutolleau était fille et héritière de dame Magdeleine Bastard veuve et héritière de Tristant Boutolleau, ma tente.

Le 27 aoust 1699 j'ay arenté le total de la maison à Mr Pierre Cardinal, loueur de chevaux, et à Catherine Fraigneau, sa femme 25 l. et trois journées de chevaux de louage, outre 100 l. de pot de vin.

Je l'ay transportée à Mr Clémanson, pour le restant de son mariage (1).

---

(1) Louis Clémanson, qui, en janvier 1697, épousa Catherine Bastard, fille aînée de Pierre Bastard et de Louise Allonneau. (Voir p. 33.)

CHAPITRE IV.

FONDATIONS DE MESSES PAR LA FAMILLE BASTARD.

I. — Acte par lequel les pélerins de cette ville sont obligés de faire faire un service par chacun an pour deffunct Mre Jacques Bastard, vivant p^{tre} chantre de Nostre-Dame de cette ville, frère de moy Pierre Bastard soubzsigné; le dit service se fait en l'églize de Nostre-Dame le jour de Saint-Roc, 16 aoust.

Aujourd'huy vingt six^e febvrier mil six cent quatre vingt quinze, environ une heure de relevée, se sont assemblés en l'églize de Nostre-Dame de cette ville, les confrères pélerins des confrairies de St-Jacques et Nostre Dame de Lorette de service en l'églize de Nostre-Dame au son de cloche, à la manière accoustumée, ce requérant André Girault et Jean Rion receveurs bastonniers de lad. confrairie pour assister à la conférance spirituelle, lecture faite des statuts par le secretaire, et, pour l'exécution d'icelle sur telle peine qui a esté faite cy devant, en présance de Mre François Prugnier, prestre curé de lad. églize et parroisse de Nostre-Dame, directeur de lad. confrairie, à laquelle assemblée ont assisté Jacques Boisdron, doyen, Louis Charrier, secrétaire, led. Girault, Jean Rion, François Cruvelier, Pierre Baud, Jean Chaslon, Hurbin Boisdron, Jean Godillon, Pierre Bellin, Nicolas Moynet, François Bernier, Allexandre Jusnin, et plusieurs autres faisant et composant la plus grande partye des confrères, auxquels lesd. Girault et Rion, receveurs bastonniers de ladite confrairie ont déclaré et proposé que Mre Jacques Bastard vivant prestre et chantre de lad. églize de Nostre-Dame a légué à lad. confrairie la somme de cent soixante livres pour estre employée au payement du droit d'amortissemant et main morte duehe pour les dommaines de lad. confrairie à la charge de faire faire par les d. confrères par chacun an, le jour de son déceds, un service pour le repos de son âme, et de celles de ses père et mère, et que lad. somme soit mise es mains dud. s^r Prugnier, curé de Nostre-Dame pour en faire l'employe, et lequel d. s^r curé, il aurait prié d'avoir soing s'il luy plaisait de faire faire led. service, et en conséquence, et suivant l'intention dud. s^r Bastard, Mre Pierre Bastard, procureur, son frère, a mis et payé lad. somme entre les mains dud. s^r curé, lequel l'a despuis dellivrée aud. Girault et Rion, receveurs, qui ont acquitté les charges et engagemans de lad. confrairie, tant pour le droit d'amortissemant quy estait deub à la dame de la Bérauderie, fermier de Mgr le duc de la Melleraye pour raison des dommaines y sujets, de la quelle dame lesd. Rion et Girault ont retiré quittance de la somme de soixante livres pour droit d'indamnité, en datte du 25 janvier dernier qu'ils ont représentée, et pour les droits d'amortissemant, ils ont aussy payé la somme de cent cinquante une livres dix sept sols de principal, et quinze livres trois sols pour les deux sols pour livre et quatorze livres huict sols pour frais revenant toutes lesd. sommes cy-dessus par eux payées à celle de deux cent quarante une livres huict sols huict deniers, sur laquelle déduction faite de celle de cent soixante livres receue pour le legs dud. s^r Bastard, il leur reste deub celle de quatre vingt une livres huict sols, huict deniers, requérant que lesd. s^r doyen et confrères ayent à délibérer pour l'exécution de l'intention dudit feu s^r Bastard, et au moyen de les rembourser de lad. somme de quatre vingt une livres huict sols huict deniers. Et en cet endroit est intervenu led. s^r Bastard, procureur, lequel a

requis et prié lesd. s^r doyen et confrères de faire faire led.
service suivant l'intention dud. feu s^r Bastard, son frère,
chacun an en chacun jour treiziesme aoust, quy est le jour
de son déceds arrivé l'année dernière audit mois d'aoust
mil six cent quatre vingt quatorze, attendu que, de sa
part, il a payé tant pour luy que pour ses cohéritiers, lad.
somme de cent soixante livres léguée, sur quoy lesd. doyen
et confrères, soubs le bon plaisir dud. s^r curé, ont délibéré
conclud et arresté que l'intention dud. sieur Bastard sera
exécuttée , et ce faisant que tous les ans il sera dict et faict
un service pour le repos de son âme, et de celles de ses
père et mère aux frais et despans de lad. confrairie,
attandu le payement fait de la somme de cent soixante
livres par luy léguée ; mais au lieu du treize aoust, jour de
son déceds, il a esté arresté qu'il sera dit à perpétuité au
seize du mesme mois, jour et feste de St-Roc, auquel jour
tous les confrères s'assemblent et font procession solen-
nelle, — et, en ce qui touche l'avance faite par lesd. s^{rs}
Girault et Rion, bastonniers, de la somme de 81 l. 8 s. 8 d.,
a esté arresté qu'ils seront rembourcés sur les premiers
deniers de lad. confrairie, et s'il ne se trouvait de fonds
entre leurs mains lorsqu'ils sortiront de charge, ils en
seront payés par leurs successeurs receveurs par préfé-
rance à tous autres créanciers, jusqu'à ce les quitances
des susd. sommes leur demeureront entre les mains, et
ont lesd. doyen, receveurs et confrères deschargé led. s^r
curé de lad. somme de cent soixante livres, ensemble lesd.
héritiers Bastard. Fait au banq de lad. fabrice les jour et
an susd. lue et ont déclaré ne sçavoir signer à la réserve des
soubzignés. Ainsi signé en la minutte des présantes :
F. Prugnier, curé de Nostre-Dame de Niort, J. Boisdron,
doyen, Louis Charrier, secrétaire, Pierre Bault, Paul
Peau, Bastard, U. Boisdron, François Bernier, Moynet,
Girault, bastonnier, Rion, Jean Godillon, Grugnet et
Lafiton, n^{res} royaux. Controllé à Niort le 7 mars 1695,
reçu 8 s., signé Barbereau, et la grosse est signée Lafiton
pour avoir la minute au lieu et place de feu Me André

Lafiton, mon père, en vertu de ma commission généralle ce requérant ledit s^r Pierre Bastard.

Pour copie,

P. BASTARD.

II. — Coppie d'un acte soubs seing privé passé entre les dames Hospitalières de cette ville de Niort, moy Pierre Bastard et mes cohéritiers, par lequel lesd. dames sont obligées de faire dire une messe par sepmaine dans leur églize ou chapelle.

Nous soubssignés, sœur Catherine Panier (1) supérieure des religieuses et couvant des Hospitalières de cette ville de Niort, sœur Renée Vauthier, soubs-prieure, sœur Françoise de Grateuil, discrète, sœur Jeanne Bastard (2), et autres soubsignées, tant pour nous que pour nos autres sœurs, touttes religieuses professes aud. couvant, estant assemblées au parlouer *d'une part*, et Pierre Bastard, procureur en cette ville, tant pour luy que pour Thomas Bastard s^r de la Morinerie, son frère, auquel il promet faire ratiffier et avoir agréable ces présantes dans un mois; Charles Hurtebize marchand, et Françoise Bastard sa femme et de lui authorisée; Catherine Bastard vefve de Mre Pierre Allonneau vivant procureur aud. siège; André Laffiton, con^{er} et procureur du roy en l'eslection dud. Niort, estant aux droits de dame Marie Bastard, sa mère, par la démission de biens qu'elle luy a faite, et René Bastard, m^e apotiquaire, demeurant tous aud. Niort, à la réserve dud. s^r de la Morinerie, quy demeure en la ville de Poitiers, lesd. Bastard, héritiers de deffunt Mre François Bastard et dame Catherine Chauvegrain vivans conjoints, père et mère desd. Pierre, Thomas, Catherine,

---

(1) Catherine Panier, issue du second mariage de Marie Chauvegrain avec François Panier, s^r de Faneau, était cousine germaine de Pierre Bastard. (V. p. 5, note 2).

(2) Sœur de Pierre Bastard. (V. p. 30).

Marie et Françoise Bastard et ayeuls desd. s^{rs} Laffiton et René Bastard, et encore héritiers de deffunt Mre Jacques Bastard, vivant prestre chantre de Nostre-Dame dud. Niort, leur frère et oncle, estans lesd. Bastard et consors à la grisle dud. parlouer *d'autre part;* lesquels d. Bastard, Hurtebize et sa femme, et led. s^r Laffiton, esd. noms, sur ce que lad. dame Chauvegrain, leur mère et ayeulle, décédée le 2 octobre 1691, les aurait chargé verballement en l'année 1687 de faire dire une messe tous les vendredys de chaque mois, un service le jour de Saint-François, un autre service le jour de Sainte-Catherine, et un autre le jour de son déceds, et pour cela donner neuf livres de rente, et qu'ensuite led. s^r Bastard p^{tre}, deux jours avant son déceds arrivé le vendredy 13 aoust 1694, aurait chargé ses frères et sœurs de faire dire une messe par sepmaine, tant pour satisfaire à son intention que pour celles que lad. dame Chauvegrain sa mère avait ordonnées estre dites pour le repos des âmes de ses père et mère et de la sienne, et requis d'en faire faire le service en l'églize du couvant desd. dames Hospitalières, et en cas de refus par nous d. supérieure et religieuses, de faire faire led. service, qu'il feust fait par monsieur le curé de Nostre-Dame ou par Mre François Gastault (1), prestre, son cousin, ou autre prestre, et pour cela donner trente livres de rente suivant le mémoire qu'il en aurait fait escripre aud. Pierre Bastard et voulant par lesd. Bastard et consors satisfaire aux pieuses intentions desd. dames Chauvegrain et s^r Bastard, prestre, et sur le refus lors fait par nous supérieure et religieuses Hospitalières de nous charger de faire dire lesd. messes à perpétuité, ils en ont fait faire le service par led. s^r Gastault jusqu'à son déceds, et ensuite par Mre François Prunier, prestre curé de Nostre-Dame de cette ville, jusqu'à la fin du mois de mars 1704, que Mre Izaac Bastard, fils dud. Pierre Bastard, aurait esté admis à l'ordre de prestrise, lequel a despuis fait led. service jusqu'à présant et désirant asseurer ledit service à l'avenir et à perpétuité

(1) V. p. 24, note 2, la généalogie des Gastaud.

et en décharger leurs familles, ils en auraient d'abondant fait propositions à nous d. supérieure et religieuses Hospitalières, ce que nous avons accepté après en avoir conféré en nostre chapitre, et en conséquance a esté arresté ce quy suit, scavoir est que nous supérieure, religieuses du couvant des Hospitalières, promettons et nous obligeons par ces présantes, tant pour nous que pour celles quy nous succéderont, de faire dire à l'avenir et à perpetuité, en la chapelle ou églize de nostre couvant et hospital, par nostre confesseur ou autre prestre, une messe par chacune sepmaine, pour le repos des âmes desd. feus François Bastard et Catherine Chauvegrain, vivans coinjoints, dud. feu sr Bastard, prestre, et leurs héritiers et descendans, à commancer au treize du présant mois d'aoust et continuer à l'avenir à perpétuité, un jour de chasque sepmaine sans interruption, et pour rétribution, moy Pierre Bastard, l'un des héritiers susnommés m'oblige en mon nom de payer, dans trois ans, auxd. dames supérieure et religieuses Hospitalières, la somme de six cent livres pour estre mise et employée en l'acquest d'une rente ou autre fond, et jusqu'au payement de lad. somme, je promets d'en payer par chacun an la rente de trente livres à commancer au treize aoust de l'année prochaine mil sept cent. neuf, et nous supérieure et religieuses prometons de faire led. acquest apres le payement de lad. somme de six cent livres ou à deffault dud. acquest consentons que la rente de trente livres demeure assignée sur les dommaines et biens temporels de ce couvant, à commancer un an après le payement de lad. somme de six cent livres pour le fond de lad. rente et continuer à perpétuité pour tenir lieu de rétribution par chacun an dudit service et au moyen de quoy, etc.

Suivent des arrangements de famille par lesquels les co-intéressés de Pierre Bastard lui délaissent certaines rentes (1)

(1) Parmi ces rentes, il en est une de neuf livres assise sur une maison et jardin situés au faubourg Saint-Jean, sur les fossés de la ville au-dessus

pour la sûreté du dit service, à la charge par lui de veiller à son exécution.

Suivent aussi des arrangements relativement à une rente de trente-cinq livres, qui avait été donnée en dot à Jeanne Bastard, religieuse hospitalière (1). Cette maison, sise rue Torce près l'église Nostre-Dame, avait appartenu à défunt Mre Thomas Busseau, prêtre curé de Saint-Florent (2). Catherine Chauvegrain, veuve de François Bastard, avait ensuite obtenu le délaissement de lad^e maison et en avait joui jusqu'à son décès. Après sa mort, son fils Jacques Bastard prêtre l'avait arrentée à Mre Jean Levallois moyennant quarante livres par an suivant contrat du 2 septembre 1692. La rente n'étant pas payée et le s^r Levalois ayant quitté Niort, les Dames Hospitalières et les héritiers Bastard obtinrent, le 16 juin 1707, jugement du siège royal de cette ville, annulant la rente et leur permettant de rentrer en la possession de ladite maison. Par l'acte que nous analysons il est convenu que les Dames Hospitalières pourront disposer de cette maison dès à présent et à perpétuité comme de leur propre bien à la charge du payement des devoirs seigneuriaux aux seigneurs à qui ils sont dus.

En foy de quoy nous avons fait ces presantes doubles que nous avons signées à la grisle du parlouer desd. dames

du *Paiglan*, suivant contrat du 22 avril 1653 passé devant Pérot et Sabourin, notaires royaux à Niort. Sur le registre de Pierre Bastard, folio 20, cet acte est analysé et l'immeuble sur lequel est assise cette rente de neuf livres est désigné comme étant situé proche *le Paiglan*, sur les fossés de la porte Saint-Jean, vers *la porte Melaize*. Le Paiglan devait être un fief noble, car je possède un vieux manuscrit sur parchemin contenant un fragment d'un acte passé à Frontenay-Labaptu par une famille Billette, sur le verso duquel se trouvent écrits ces mots en gros caractères : *Pappier censaire de Paigland*. Malheureusement ce papier censaire, dont ce parchemin n'était que la couverture, fait défaut.

Entre la Tiffardière et Coulon, non loin de la rive droite de la Sèvre, se trouve une ferme appelée Peigland. Peut-être était-ce la seigneurie à laquelle se rapportait ce papier censaire, et le Peiglan situé sur les fossés de la porte Saint-Jean pouvait être la maison de ville du seigneur.

(1) Onzième enfant de François Bastard et de Catherine Chauvegrain (p. 30).

(2) Voir p. 61 où il est question de cette maison.

Hospitalières, à Niort, le vendredy treizième aoust mil sept cent huit, avant midy.

Suivent les signatures des personnes plus haut nommées.

Vient ensuite la ratification de Thomas Bastard, « clerc minoré, éconosme de l'hospital général de la ville de Poitiers », datée de Poitiers le premier septembre mil sept cent huit.

Suit la quittance finale des six cents livres, signée le 5 mars 1710 par Catherine Panier, supérieure ; Renée Vaulthier sou-prieure (*sic*) et s^r Jeanne Bastard.

Les copies cy-dessus tirées sur les originaux que j'ay dans ma liasse, par moy Pierre Bastard y desnommé et soubsigné, à Niort le vendredy saint dix huit avril mil sept cent dix.

P. BASTARD.

CHAPITRE V.

ANCIENS USAGES DES PAROISSES NOTRE-DAME ET SAINT-ANDRÉ DE NIORT.

Du vivant de Mre François Meaulme, prêtre curé de Nostre-Dame, mort l'année 1660, moy Pierre Bastard ay veu que tous les dimanches et festes, matines estaient dites à Nostre-Dame et toutes les antiennes chantées en notes, où assistaient Mre Michel Arnault s^r de la Brande, advocat (1), Me François Bastard, mon père, et autres habitants remplis de piété quy chantaient avec messieurs les prestres.

Tous les premiers dimanches les deux paroisses faisaient ensemble la procession par la ville. Le troisième dimanche la procession de Nostre-Dame allait au grand cimetierre. Celle de St-André descendait dans la rue Basse et montait par la rue de Saint-André, et ensuite autour du cimetière, et à présent dans l'église. J'ay ouy dire que la procession des deux paroisses allait à St-Martin le lundy de Pasques, mais je ne me souviens pas de l'avoir veue. J'ay assisté aux processions quy allaient à Ste-Macrine jusqu'au temps qu'elles ont cessé. Celle de St-André cessa d'aller joindre celle de Nostre-Dame et d'aller à Ste-Macrine l'année 1672; celle de Nostre-Dame y alla seule, où j'assistay, et l'année suivante elle cessa d'y aller. Nous partions dès deux heures du matin. Il s'y rendait aussy les processions

(1) Il fut juge des consuls et pair de la commune en 1654. (*Armorial Bonneau*, p. 75.)

de St-Liguaire, de Bessines, de Sensay, Amuré et Frontenay. A présant il s'y est estably une foire.

Les deux paroisses d'ancienneté allaient ensemble en procession, le jour de la St-Marc, à St-Florent où il y avait prédication et grand' messe, jusqu'en l'année 1710, que celle de St-André cessa d'y aller. Elle fait à présant la procession hors de ville. Celle de Nostre-Dame a continué d'y aller jusqu'à présent, mais au lieu qu'elle venait prendre celle de St-André, allait passer au long des murs au lieu appelé *Paradis*, et ensuite dans la rue Limosine d'où elles se rendaient dans le chemin de St-Florant, elle prend en allant le chemin de St-Florant du costé des Dames de Saint-François, et revient par l'autre costé qui aboutit au grand cimetière. La grande messe estait chantée et il y avait prédication, et à présent il n'y a qu'une messe basse.

Les jours des Rogations et le jour de l'Assension les deux parroisses se joignaient aussy en procession. Le lundy ceux de Nostre-Dame venaient joindre ceux de St-André, et Mr le curé de Saint-André chantait la grande messe à Nostre-Dame. Le mardy ceux de St-André allaient prendre ceux de Nostre-Dame, et Mr le curé de Nostre-Dame venait chanter la grande messe à St-André; le mercredy, avant l'establissement de l'hospital général quy fut en 1665, les deux parroisses se rendaient aux Cordeliers, où alternativement Mrs les curés chantaient la grande messe, et, après l'establissement de l'hospital général, ceux de Saint-André allaient prendre ceux de Nostre-Dame et allaient chanter la grande messe à la chapelle de l'hospital. Au retour ils se séparaient à la porte Saint-Jean. Ceux de St-André dessendaient par la Grande Rue, et en la rue Teste Noire. Le jour de l'Assension, ceux de Nostre-Dame venaient joindre ceux de St-André et se rendaient à Nostre-Dame où se disait le sermon, lequel finy ceux de St-André se rendaient à leur églize. Mais en 1710, Mrs de St-André ont commancé à faire les prossessions séparémant les jours des Rogations et de l'Assension, en différens lieux de la parroisse. Le zèle diminue. J'ay veu en ma jeunesse qu'il assistait aux processions beaucoup de bourgeois, advocats, procureurs, notaires, apotiq^{res}, marchands, et d'autres professions, mais à présant les trois jours il s'y trouve deux ou trois hommes et quelques fois, aux processions des Rogations, je me suis trouvé seul homme assistant à la procession de la paroisse de St-André avec quelques femmes, lorsque les paroisses se joignaient. La séparation de M^{rs} de St-André vient de ce que, l'année 1708, ils avaient arresté, le jour de la Nostre-Dame d'aoust, de n'entrer point dans l'églize de Nostre-Dame lorsque la procession géneralle s'y rendrait et de passer au long du grand vitral. Mais les confrères de St-Nicolas, continuant leur marche ordinaire entrèrent dans l'église, ce quy obligea M^{rs} les prestres de les suivre. Mais ils en sortirent aussitost sans rester au sermon et à la bénédiction du très-saint Sacrement, comme estait la coustume. Monsieur l'abbé Maboul, grand vicquaire, apresant evesque d'Aslay (1), quy assistait à la procession, s'aperçut de cela, et aussy de ce que M^{rs} les prestres de St-André en se joignant à la procession, dans le cimetière de leur églize, avaient affecté de prendre la droite et repouser M^{rs} les prestres de Nostre-Dame à la gausche, ce quy obligea Monsieur Maboul d'en faire le raport à Monseigneur de la Poepé, évesque de Poitiers, et un troisième dimanche du mois mess^{rs} de St-André ne s'estant point rendus à la procession du St-Sacremant à Nostre-Dame Mr Prugnier, p^{tre} curé de Nostre-Dame donna sa plainte à Mg^r l'évesque, lequel sur les responses de M^r le curé de St-André menda qu'on deputast par dévers de luy, de la part des deux parroisses, et comme la confrairie, de Saint-Nicolas de service en l'églize de Nostre-Dame, dont je suis chevecier (quoy qu'habitant de St-André), s'y intéressait à cause que Mr Bion, chevecier de St-André, despuis sa nomina-

---

(1) Jacques Maboul, grand vicaire de Mgr de la Poype de Vertrieu ; nommé évéque d'Alais en 1708 ; mort dans son diocèse le 21 mai 1723.

tion affectait de prendre la droite aux processions généralles où les confrères des deux paroisses se joignaient, nous députasmes de la part de M^r le curé et de nostre confrairie Mr Laffiton, procureur du roy de l'eslection, mon nepveu, et Mr Pellerin, procureur au siège royal de cette ville, tous deux confrères. M^rs de St-André se contentèrent d'escripre sans députation, et enfin Monsieur l'Evesque ordonna que la procession de Nostre-Dame se rendrait au cimetière de St-André, mess^rs les prestres et confrères de St-André prendraient la gauche, et le chant quy aurait esté commencé à Nostre-Dame serait continué et enjoint d'observer les processions du St-Sacrement des troisièmes dimanches establies d'ancienneté, alternativement dans les deux paroisses. Ce reiglement est du mois de juillet 1709, quy a despuis esté exécuté aux processions generalles du sacre et de la Nostre-Dame d'aoust, et néanmoing les confrères des deux parroisses se sont meslés à l'ordinaire, à la réserve que Mr Bion a pris la gauche.

Dans le temps de Mrs de la R. P. R. les processions s'arestaient le jour du sacre soubs les hasles, où il y avait un reposouer, et le sermon y estait dit ; mais a presant le sermon est dit à Nostre-Dame.

CHAPITRE VI.

EXTRAITS DU JOURNAL DE PIERRE BASTARD.

✝

S<small>IT</small> <small>NOMEN</small> D<small>OMINI</small> <small>BENEDICTUM</small>.

JOURNAL

1676

Commencé la vigille des Rameaux vingt huictième mars mil six cent soixante seize, et sur lequel a esté extrait et raporté ce que j'avay commencé sur ung autre (1).

P. B<small>ASTARD</small>.

Le journal mezure de Paris doibt estre de 30 toizes de 6 pieds en quarré.

Suivent plusieurs mesures anciennes.

Le journal de Xaintonge est de 225 carreaux. Le carreau de 12 pieds en quarré, c'est 12 fois 12 faisant 144.

Les pièces des aumosneries de cette ville feurent mises en 1678 entre les mains de M<small>e</small> Caillé, procureur au parle-

---

(1) Ce devait être le registre d'Isaac Bastard sur lequel Pierre Bastard a en effet beaucoup écrit.

ment, quy doibt les avoir, ou M. Macé, greffier de la chambre, rue de l'Espine.

M⁰ Crosnier, procureur, a aussy des pièces de la maison commune de cette ville pour les droits d'entrée.

Il y a les titres pour les exemptions des ventes des maisons quy sont en cette ville et faubourg de Niort. En 1679 j'en fis faire un vidimus à Poitiers avecq le procureur de M. Vialet traitant. Je fis faire ce vidimus en qualité de procureur scindic de la maison de ville, M⁰ Ulpien Chevalier était procureur de M^{rs} les maire et eschevins et habitans, et M⁰ Pougnet, procureur du traitant.

Les originaux feurent portés à Poitiers en 1685 par Mr Marsault de la Caillière et Mr Augier de la Terraudière par devant Monseig^r de la Moignon de Basville intendant et commissaire général pour la réformation du papier terrier des dommaines du Roy, qui déboutta le traitant de sa demande. Ils négligèrent de faire escripre le jugemant et, peu de temps après, M. de Basville sortit de la province et on dit que despuis les originaux des titres ne se trouvent point. Il y en avait 3 ou 4 en de grands parchemins rendus de siècle en siècle, et en 1610, un traitant ayant prétendu qu'il n'y avait que les maisons de la ville d'exemptes, et non celles des fauxbourgs, en ce qu'il y avait dans le titre : *en et au dedans la ville,* il fut obtenu des titres de *Louis treize* qui déclare ceux des fauxbourgs estre dans la mesme exemption. Lesdites lettres feurent enregistrées au parlement en ladite année 1610; l'arrest est attaché avec les autres titres, on pourrait trouver l'arrest dans les archives du parlemant.

En 1678 ou 1679 messieurs les maire et eschevins de Poitiers firent faire un vidimus de nos titres pour s'en servir contre le traitant en ce qu'il estait dit dans les anciens qu'on en jouissait à l'instar de ceux de Poitiers et aparamant qu'ils n'avaient pas de leur part titres sufisants.

En marge est écrit :

J'ai ouï dire au mois de novembre 1718 que ces titres

s'estoient trouvés chez feu Mre de la Terraudière par M^r le curé de Nostre-Dame son fils. (1)

Folio 4. — Estat et inventaire en gros de mes tittres et papiers et. de ceux de mes offices estant dans mon estude (2).

Plus des estats, descharges et lettres de monsieur de Cyret prieur de cette ville.

En marge on lit :

N^a que les pièces du comte de l'hérédité de Mr Rousseau avecq les comtes de Mad^e de Navailles et de M^de Delavault sont dans les armoires.

Plus les pièces de la confrérie de St-Nicolas, qu'il faudra rendre à celuy qui sera chévecier, ou les mettre dans un coffre à Nostre-Dame dont j'ay une clef.

Au-dessous et des deux costés desd. armoires sont des minutes de sentences et informations du temps que j'estais greffier de l'eslection avecq les patentes et départemans des tailles et des brouillons.

A costé et joignant lesd. armoires sont des liasses de rolles des tailles de l'eslection qui sont marqués par année.

Sur la planche y joignant sont les registres d'audiences de l'eslection des années de mon exercice de greffier (3), avecq quelques rolles des tailles de cette ville, les autres ayant esté perdus par messieurs les maires lors des logemans des gens de guerre (4).

(1) Les titres justificatifs de l'exemption des lods et ventes de toutes les maisons de la ville et faux-bourgs de Nyort sont bien décrits dans le *Thrésor* d'Augier de la Terraudière (2e édition p. 183) ; mais ce sont les titres eux-mêmes que Bastard dit avoir été momentanément égarés.

(2) Il n'est donné ici que les portions de cet inventaire pouvant offrir quelque intérêt historique.

(3) De 1664 à 1684. Il est fâcheux que nous n'ayions plus ces registres d'audiences qui fourniraient des documents précieux pour l'histoire de l'élection de Niort.

(4) En 1668, voir pp. 48 et suiv.

Plus il y a sur lad. planche des minuttes que j'avay receu comme greffier de monsieur le président de la Caillière, subdélégué de messieurs les intendants.

Sur la planche au dessoubs, il y a quelques brouillons et actes du greffe des consuls.

Sur la planche joignant le lambry ..... une liasse de quelques pièces et procédures lorsque j'estais procureur fiscal de Benet.

Sur la planche haute sur la porte et du costé de l'allée sont les dociers de mon office de procureur de l'eslection.

Sur la mesme planche y a des mémoires de partages, et y joignant sont les rolles du don gratuit de cette ville, de 1694, etc.

Sur la planche au-dessous où il y a un L sont des quittances et pièces consernant le prieur de cette ville.

Sur la mesme planche y a ensuite la poursuite du décret de Mre François Depeindray seig^r de Montaigon contre Mr de Verdilles, de la terre de Gaillard. (Donné lesd. pièces à M. Piet.)

Ensuite une liasse de reiglemans et arrestés pour les tailles (1).

Sur la mesme planche sont les minuttes des visites faites comme greffier des experts, avecq un estat de ce que j'ay receu pour comte avec Mrs Juin et Racapé.

Folio 5, in fine. — Le 13 septembre 1714, la cousine veuve Pignon m'a mis en dépost entre les mains une montre boistier d'argent. Le 28 dud. mois, jour de l'enterrement de lad. veuve Pignon, j'ay remis lad. montre entre les mains du cousin Goischon (2), frère de lad. feue veuve Pignon, en présence de M^de Senard, de Pillet et sa femme, et du cousin Boutolleau.

---

(1) Ces règlements et arrestés sont en ma possession, notamment un exemplaire imprimé de l'arrest du conseil d'estat du roy, du 31 janvier 1718, concernant l'établissement de la dime royale en l'élection de Niort.

(2) Ce cousin Goischon était probablement Pierre Goischon qui avait épousé une demoiselle de Bonnay, cousine de Pierre Bastard.

Folio 16, r⁰. — Melle Macé a fait son testament le 11 juillet 1719, et deux codicilles les 11 et 19 aoust suivants, par devant Laffiton et Grugnet. Elle m'a nommé exécuteur testamentaire, et à mon défaut, Mr Piet.

Despence pour les frais funéraires de Melle Macé.

Du 22 septembre 1719, pour l'enterrement de Melle Macé.

	l.	s.
Payé à M^r^ le curé de Nostre-Dame, pour la messe.	10	
A Mrs Bion et Madien, vicquaires.	4	
A Mr Pougnet, chantre.	2	
A Mr Martin p^tre^ et à M. Bernard p^tre^, chacun 1 l.	2	
A Mr Crevelier, qui a servy de soudiacre.	1	
A Mr Barbereau.		15
A Mr Thibault, vicq^re^ de St-André, suivant le reiglement	6	
A 3 clercs de Nostre-Dame, à chacun 6 sols.		18
A 2 autres, chacun 5 s.		10
A 3 clercs de St-André	1	15
Aux pères Cordeliers, payé au R. P. gardien y compris une messe dite le jour d'hier et 5 s. pour la croix.	3	13
Au porte-croix de l'hospital.		5
Au porteur du bénitier, 3 s., et au porteur du tabouret, 3 s.		6
A ceux quy ont porté le corps	3	
Aux sacristains de St-André 2 l. et au fossoieur 10 s.	2	10
Du 25, payé pour les robes des pauvres quy ont porté les cierges, suivant la quittance de M. Bernard	17	10
A M. Sauvaget, chirurgien, pour ses visites pendant la maladie.	3	
Le 27, pour les cierges et luminaires suivant la quittance.	21	

Du 28, pour le service à MM. Bion et Madien
vicq^res pour les droits et pour leur assistance.   5

A M. le chantre.   1   10

A M. Crevelier quy a servy de soudiacre. . .   15

A M. Bernard p^tre assistant.   15

A deux clercqs. . . . . : . .   15

Au fossoieur pour l'enterrement et pour la
fosse   1   5

Pour le service aud. fossoieur.   10

Pour la chaux et l'eau   17

Le 29, au s^r Baud pour avoir levé et resta-
bly la tombe et fait l'épitaphe. . . .   3

Aux sacristins pour l'enterrement 3 l.,
pour le service 2 l. et pour avoir garny
l'autel de noir, à chaque fois 10 s. . .   6

A M^r le marguilier pour l'ouverture de la
fosse.   3

Au porteur du bénitier au service . . .   2 s. 3 d.

Le dern. septembre à M. du Vignault-
Piet pour le drap mortuaire suivant sa
quittance. . . . .   45 l. 15 s. 4 d.

Fol. 22, v°. — Recepte pour les héritiers paternels et
maternels de Melle Macé :

Dans la charge de second présidant de 1506 l. 14 s. 9 d.
de remboursement de finance, leur en revient une quatr^e
partye montant à. . . . .   376 l. 13 s. 8 d.

Le 6 aoust 1720 reçu de monsieur de Lamotte présidant
la somme de 136 l. deue pour moitié de 273 l. et 34 l.
d'autre pour le quart dans l'autre moitié s'élevant le tout
à 170 l. pour la part du remboursement de finance et des
droits d'enregist^t.

Fol. 21. — Le cousin Gastaud des Ilières doibt.....
Plus pour la prise de possession de la chapelle de S^t-
Jean à Mr Chastaigner, notaire de Poitiers, et pour le
controlle et papier. . . . .   12 l. 4 s.

A Mr Guérineau pour le controlle de la prise de possession de la chapelle de Notre Dame de Pitié. . . . 3 l.

A M. Gallois, messager, pour ce quy manquait de l'in-
sinuation des actes de la chapelle de St-Jean, 20 s., et
pour le port 5 s. . . . . 1 l. 5 s.

Le 19 juillet 1696, le cousin des Ilières et sa femme (1)
m'ont vandu dix huict livres de rente foncière faisant
portion de plus grande duehe par Adam Frétault, s^r de la
Maisonneuve, Jean Delaroy et autres sur les maisons et
jardins devant la Chartronière (?).

Fol. 22. — Le 17 aoust 1694 j'ay donné à mon fils
François (2) pour aller à Poitiers se faire tonsurer la
somme de 23 l. 10 s. Le dernier, pour les prises de possession des chapelles de la Cagouette et des Fouchers
Mesnagers à Mr Chastaigner et pour les controlles et papiers 24 l. 16 s. pour l'enregistrement au greffe ecclésiastique 9 l. 16 s.

Le 9 septembre 1694 j'ay affermé à M. Morisset, sergent
du prieuré, trois boicelées de terre despendantes de la
chapelle de la Cagouette sises près le Fresgne, pour cinq
années à dix livres par année en chacune feste de S^t-
Michel.

Le vendredy 24 septembre monsieur Genu p^{tre} m'a pro-
mis de dire trois messes par sepmaine pour les chapelles
de mon fils à commancer la sepmaine prochaine.

Le 3 novembre, comme il n'avait point esté dit de
messes pour les chapelles de la Cagouete et des Fouchers

---

(1) Gastaud des Ilières était, soit Denis Gastaud qui avait épousé Marie
Bonnin, soit Laurent Gastaud qui avait épousé demoiselle Noël, tous les
deux fils de François Gastaud et de Jehanne Bastard. Ils eurent chacun un
fils François et Laurent qui furent prêtres et chantres de Notre-Dame. L'un
d'eux était chapelain de la chapelle de Saint-Jean-Baptiste, desservie en
l'église Notre-Dame.

(2) François Bastard, dernier enfant de Pierre Bastard, né le 16 novembre
1678, a épousé demoiselle Denis, de Chaillé-les-Marais, mort sans enfants.
(V. p. 111, note 3.)

Mesnagers despuis le déceds de mon frère (1) jusqu'au temps que mons^r Genu s'en est chargé, j'ay donné aux Cordeliers pour en faire dire . . . . 4 l. 10 s.

Le 7 janv. 1695 envoyé à Poitiers pour frais et restant de taxe pour la chapelle de la Cagouette 3 l. 15 s. et port 4 s. . . . . 3 l. 19 s.

Le 6 juillet payé à Mr Genu p^{tre} pour le service des chapelles . . . . 30 l.

Le 17 septembre payé pour le restant de l'année finie le 15 à ce qu'il m'a dit. . . . . 15 l.

Je doibs donner aux Pères Capucins pour le service 50 l. à commencer à la St-Michel 1698. Payé par avance la première année, et 24 l. pour les messes qui avaïent manqué estre dites depuis la mort de Mr Gastaud p^{tre} et l'absence de Mr Genu.

François est allé à Fontenay à la Toussaint 1694 à 150 l. par année. Payé le premier quartier par avance. Il y estait auparavant à 120 l. chez Mr Boutin. Il est venu icy le 12 février 1695 et s'en est retourné le 21. Il a emporté son second quartier. Le 13 may envoyé le 3e quartier par le messager. Payé à M. Potier 22 l. 10 s. qu'il avait emprunté de son hoste.

Pour aller à Monpelier je lui ay donné 60 l. outre ce que son frère luy a donné le premier mais 1698. Il m'a laissé à Xaintes ma jumant quy y a demeuré 3 sepmaines et ensuite icy pendant 3 mois et demy sur la litière. . 56 l.

Il a emprunté de M. Gille à Bourdeaux. . . . 56 l.

Le 3 juillet je luy ay envoyé par Mr Valvod fils. 56 l.

Le 14 oct. donné à Mr Champanois pour luy faire tenir 8 louis d'or faisant. . . . . 112 l.

Le 26 fev. 1699 donné à M. Champanois pour luy faire tenir 10 louis d'or faisant. . . . . 140 l.

Le 17 oct. envoyé par son frère pour sa pension et habit . . . . 170 l.

(1) Jacques Bastard, prêtre, chantre de Notre-Dame, décédé le 13 août 1694. A sa mort, François Bastard, son neveu, fut pourvu de ces chapelles et il s'en démit en 1700 en faveur de son frère aîné Isaac Bastard, prêtre. (V. pp. 34 et 39.)

Le 8 febv. 1700 envoyé par M. Bedos . .   60 l. 15 s.

Le 29 may j'ay donné à M. Valvod fils 14 louis d'or pour porter à mon fils François à Montpellier, et une demy peau d'aignau prise chez Mr Champanois. Il m'a dit la vouloir vendre 14 l. C'est pour un mons^r quy l'avait demandée à mon fils. Les louis valent à présent 13 l. 10 s.; mais dans deux jours, ils ne vaudront que 13 l. 5 s.

Fol. 26. — Monsieur Chartron, conseiller du roy, receveur. J'ay un billet de Mlle sa femme. Comme j'ay esté son commis je ne luy ay rien demandé. Je lui avay aussy dellivré des expéditions comme greffier de l'eslection. Mais du despuis que j'ay cessé d'estre son commis j'ay payé, pour l'acte d'émancipation de Mlle Marianne, sa fille.

Plus, etc.

Fol. 26, v°. — Mr François Barault de la Ligne me doibt pour les congés de cour en parchemin des années 1688, 1689 et 1690 que Mr Menouvrier a reiglé à. .   15 l.

Plus pour restant de la sentence de cour dud. s^r Barault, M^{res} Arnaudet et Dominique Bérault. . . .   30 l. 3 s.

Plus me doibt les baux et adjudications des années 1692, 1693 et 1694 pour Chizé et Aunay et expéditions envoyées à M. Menouvrier (1).

Pour l'adjudication de 1694 il me renvoye à Mr Proux. Pour le recollement de 1691 et 1692 il me renvoye à M. Menouvrier auquel j'en ay escript, et de reigler avecq luy pour les expéditions qu'il faudra luy envoyer et les congés de cour quy seront cy-après expédiés.

Fol. 47. — *Estat de l'affaire de mes oncles Chauve-vegrain, Panier, et de ma mère, poursuivie contre les cousins Seguay.*

Récit. — François Seguay estant poursuivy de rendre comte de l'hérédité bénéficiaire de ses père et mère à la

---

(1) Il s'agit des adjudications des coupes des forêts de Chizé et d'Aulnay. Pierre Bastard était greffier de la maîtrise des eaux et forets.

requeste du cousin François Gautier, beau-père de monsieur Macé, et ayant présanté son comte devant monsieur le lieutenant-général, il déclara que feu mon grand-père Chauvegrain (1) avait receu les deniers de la vente des meubles de ses feus père et mère, ce quy donna lieu aud. s^r Gautier à faire apeller ma grand' mère pour en comter, pour laquelle je compareu et remontray qu'à la vérité, par jugement rendu avec les créanciers de Simon Seguay père et Marie Seguay vivants conjoints, ses beau-frère et belle-sœur, le 23 mai 1656, il avait esté ordonné que les deniers de la vente des meubles seraient dellivrés à feu mon grand père à desduire sur ses créances montant à 1313 l. 6 s. La vente des meubles se serait trouvé monter à 1139 l., de laquelle mon grand père en aurait receu 226 l. 16 s. Simon Seguay fils en debvait 1090 l. pour meubles à lui adjugés, sur laquelle il avait raporté pour 524 l. 10 s. de quittances de créanciers particuliers qu'il avait payé et pour le restant aurait donné à mon grand père une obligation de 551 l. 15 s. 6 d., au moien de quoy il restait encore deub à mon grand père par les hérédités dud. Seguay et sa femme, ses beau-frère et sœur (2) 525 l. 8 s. 6 d. outre l'obligation de 551 l. 15 s. 6 d. contre Simon Séguay fils, pour raison de quoy je me seray opposé pour ma grand mère à ce que sur les deniers du reliqua du comte dud. François Seguay elle feust payée par préférence.

Dans la suite Mre René Chauvegrain (3), Mre François Panier s^r de Faneau, mary de dame Marie Chauvegrain, mes oncles et dame Catherine Chauvegrain ma mère auraient poursuivy en ce siège Philipe Seguay, Pierre

(1) René Chauvegrain, époux de Catherine Moreau.

(2) C'était en effet une demoiselle Chauvegrain, sœur de René Chauvegrain, qui avait épousé Seguay. Une fille dudit Seguay avait épousé François Gaultier et la fille de ce dernier Mlle Hilaire Gaultier épousa Jacques Macé, élu, et n'eut pas d'enfants. (Papiers de Pierre Bastard.)

(3) Second du nom, fils de René Chauvegrain et de Catherine Moreau, frère de Catherine Chauvegrain. Il était notaire.

Glorit et Françoise Seguay, sa femme, Simon Berjoteau et sa femme, Jean Juin et sa femme Marie Cocquillon veuve de Simon Seguay et Pierre Berinard, curateur des enfants de François Seguay et contre eux obtenu sentence le 22 avril 1676 quy déclare les obligations de mon grand père exécutoires avec condamnation du présent et despans taxés à vingt sept livres dix sols. . . . . . 27 l. 10 s.

Suit l'énumération des différents actes de procédure qui eurent lieu à cette occasion.

Fol. 47, v°. — J'ay rendu compte comme exécuteur testamentaire de deffunt mons^r Rousseau à Mr Chauve-grain et à ses sœurs, et à mes frères par devant monsieur le curé de Nostre-Dame, mess^{rs} Augier de la Terraudière et Thibault ad^{ats}, et Me Pellerin, procureur, arresté en 1694.

Dans les contestations que M. Chauvegrain et ses sœurs m'ont faites, ils ont creu qve j'avay beaucoup profité sur les bleds et qu'il y en avait en plus grand nombre après la mort de Mr Rousseau que celuy dont je me suis chargé, parcequ'ils s'estaient informé à ceux qui avaient demeuré en ma maison, qui leur avaient dit que j'avais eu beaucoup de bled dans ce temps là.

Il est vray que j'avay beaucoup de bled l'année du déceds de Mr Rousseau, mais il n'en entra point de celuy de son hérédité en ma maison. Je le fis metre dans les greniers du celier qu'a mon beau-frère Hurtebize, rue Basse.

Monsr Rousseau est mort au mois de janvier 1684, et le bled que j'avay estait en ma maison dès la St-Michel, octobre et novembre 1683. J'en avay 260 boiceaux moitié froment et moitié bailarge d'une petite ferme que je tenay de Mr Chamailard sacristain de St-Liguaire, celuy que j'avay receu du Plessis, plus de Mr Chantoizeau un thonneau fromant sur ce qu'il me debvait, de mon beau-frère Laffiton un thonneau fromant, plus j'en avay achapté pour mil livres ; j'en ay encore les actes d'achapt de ce temps là.

Ils ont cru aussy que j'avay profité sur le payement fait à M^de Bernardin, qu'elle m'avait fait quelque composition ; — et de l'affaire de M^r Le Vacher à Paris, ce quy n'est point, ny en aucunes autres affaires.

Mr Rousseau m'avait donné 400 l.; mais j'y ay bien plus despencé tant en ce que je donnay à M. Gaugaing pour faire arrester les comtes de la recepte de Mr Rousseau de quatre cent mil livres pour Mad^e la duchesse Mlle de Navailles, qu'en mon voyage de Paris, moitié de perte d'une jument chez Charpentier, payé à Renault pour les mulets, despencé pendant l'examen des comtes de M^de de Navailles et autres despenses particulières.

On a creu aussy que j'avay eu du profit sur les bestiaux, mais j'y ay eu beaucoup de perte ; en 1684 et 1685 il y eut tres-peu de foin. Les bestiaux pour cette raison estaient à bon marché ; on ne pouvait trouver à les vendre. D'aileurs je feus contrainct d'oster ceux de chez Jay, quy auraient esté saisis dès le lendemain par Mr Vaslet, ceux de chez Charpentier que j'apréhenday estre saisis comme ceux de Nigot par M^r de Ste-Anne pour leurs prix de fermes ; et ceux que je fus contrainct de retenir moururent presque tous. Pour les bestiaux que j'ay eu ensuite chez Aymé de Dampvix, quy en avait eu à Mr Rousseau, je paiay pour les avoir à Mr Lecerf 150 l. et à Mr Valvod 98 l.

Bien esloigné d'y avoir eu de proffit j'y ay eu beaucoup de perte, sans parler de mon travail pour les comtes pendant un an. Cela est dans la sincérité, ce quy fait que dans la suite m'ayant esté proposé d'autre exécution de testament, j'en ay fait refus.

GREFFE DE L'ÉLECTION.

Fol. 48. — Par acte du 30 (décembre) 1664 deffunct Mr Leduc comme ayant charge de Mr Pierre Groleau quy estait fermier du greffe de l'eslection par bail à luy fait par monsieur Blondel, procureur en la cour, scindic des créanciers de Mrs Menans le 16 juin 1662 par devant Lebœuf et Charlet notaires au Chastelet, ledit s^r Leduc m'aurait soubsafermé ledit greffe pour quatre années et demie restant à finir de 7 portées sur le bail de Groleau pour 500 l., le dit bail finira à la St-Jean 1669.

Led. s^r Leduc m'aferma au mesme temps les deux sols pour livre des espices 250 l. qu'il prétendait luy apartenir de son chef.

Du greffe j'en comtay avec Mr Blondel suivant l'estat du 18 avril 1684, portant qu'il a retiré les pièces justificatives de la despence.

Les quittances des 2 sols par livre sont attachées aud. estat, le tout dans la liasse des quittances.

Dans un procès que j'eus à la Cour contre deffunct Mr Laurent Viron quy avait receu quelques expéditions despuis ma ferme, j'avay conclud aussy contre les propriétaires à la diminution du prix du bail, et produit un arrest de la cour de parlemant par lequel le greffier du siège de Compiene avait eu diminution à la moitié sur le fondement de l'ordonnance de 1667; mais je perdis mon procès contre les propriétaires et je le gaignay contre led. s^r Viron duquel j'ay despuis été payé.

J'ai ensuite exercé le greffe par commission à commencer despuis le 4 juillet 1669 jusqu'au mois de may 1677, que mons^r le procureur du roy receut un arrest portant que les propriétaires prendront des provisions et jusqu'à ce deffences à ceux quy exerçaient d'en faire l'exercice à peine de faux; sur ce fondement, je fus contrainc de quitter, et Mr Vaslet procureur fut commis quy exerça jusqu'au commencement de l'année 1678 que je fus commis et fis l'exercice sur la procuration de Mr Vachon sec^{re} de monsieur Baron con^{er} à la quatri^e (chambre) des enquêtes l'un des scindics et directeurs des créanciers de Mrs Menans, soubs le nom duquel Vachon il y eut des provisions que je fis enregistrer en l'eslection et je continuay l'exercice jusqu'au mois d'avril 1684 que je fus à Paris (1) sur une lettre de Monsr Blondel pour rendre mon comte où estant sur les contestations quy me feurent faites, je fis une sommation et déclaration que je ne prétenday plus exercer, après quoy messieurs Baron et Bigot me firent appeller aux requestes du palais pour comter, et ayant parlé à monsieur le procureur général de la cour des Aydes il obtint arrest portant que le comte serait rendu en l'eslection.

Estant revenu en cette ville led. s[r] Vaslet fut commis quy exerça jusqu'à la fin de 1688 que Mr Gerbier leva le greffe aux partyes casueles à 2000 l. ou 2400 l.

L'année 1690 Mr Vachon me manda que Mr Baron estait mort et qu'il estait prest de recevoir mon comte et celuy de Mr Vaslet.

Je luy fis response qu'il estait à propos qu'il eust un nouveau pouvoir de M[rs] les directeurs des créanciers de Mrs Menans pour sortir entierement d'affaire.

En 1694 je donnay un estat à monsieur l'abbé de Larochejacquelin de l'affaire, et comme quoy le greffe n'avait peu tomber aux partyes casueles, attendu que Mr Vachon avait des titres de provision. Led. s[r] abbé de la Rochejacquelin me dit qu'il estait petit fils et nepveu de Mrs Menans et leur créancier. Il me marqua que c'estait peu de chose, que néanmoins il en parlerait à Paris aux intéressés et sur ce quy serait arresté il m'escrirait, mais je n'en ay pas ouy parler du despuis.

Je laissay à Paris un estat de ma recepte, avec ma commission y attachée, que M. Blondel eut entre les mains, et en ayant avec luy parlé à monsieur Dormesson, conseiller d'estat et à Mr Baron, deux des directeurs des créanciers, il fut convenu qu'on me donnerait le tiers des esmoluments pour mes droits d'exercice et un demy tiers pour les frais des despartemans et autres employés dans

(1) C'est à ce même voyage à Paris que Pierre Bastard s'occupa de la succession de M. Rousseau, intendant de la duchesse de Navailles. (Voir pp. 10 et 101.)

led. estat. C'estait une moytié du total. Sur ce pied, Mr Blondel en dressa un estat sommaire contenant le total de la recepte et despence. Ayant ensuite esté en parler à monsieur Bigot autre directeur quy demeurait au Marais, il voulut en conférer avec monsr Bigot, et après la conférance ils ne voulurent signer ce quy avait esté arresté, ce quy donna lieu à la procédure dont a esté cy dessus parlé.

J'ay l'original de l'arrest; l'assignation quy m'avait esté donnée et ma sommation feurent mises entre les mains de monsieur le procureur gnal ou sont demeurées chez Mr Boisseau procurr·

J'ay aussy un double de mon estat quy se monte en recepte à.. . . . . 6679 l. 15 s. 10 d.

Sur quoy pour l'exercice et les frais desduction de 3339 17

Reste pareille somme de. 3339 17

Sur quoy payé pour l'enregistrement des provisions de Mr Vachon et publications pour la vente dudt greffe. . . . . 212 l. 19 s. 8 d.

Plus à Mr Michel des Canaux (?) en extraits d'actes et consentements de Mrs les scindics du 20 juin 1682 demeurés en minuttes par devant Me Bagland, notre au Chatelet. . . . . . . 3003 l. } 3215 l. 19 s. 8 d.

Il reste. . . 123 l, 18 s. 3 d.

Dans mon estat je ne parle point de la ferme quy a précédé, parce qu'estant de 500 l., si on la produisait, cela ferait quelque schisme. Ce n'est pas qu'il y eut lieu, à cause qu'elle estait trop chère, et que sur ce fondement j'avay demandé diminution.

Fol. 54. — M. Daviaud, mon beau-frère (1).

Il est deub à ses enfans un desdommagement de la rente de 125 l. sur Quinquampoix perdue à la réserve de 10 l. de rente (2).

J'ay donné quittance de la pension de mon nepveu jusqu'au mois d'avril 1697, et M. Daviaud m'a quitté des arrérages du desdommagement pour une portion.

J'ay eu ensuite son fils le plus jeune en ma maison jusqu'à la fin de janv. 1698.

Suivent différents comptes sans intérêt si ce n'est la mention suivante :

Le 6 avril 1711 donné aud. sʳ Daviaud fils, revenant de Paris, au logis du Petit-Louvre, en présance de Mʳ Duplanisseau. . . . . 50 l.

(1) Voir p. 66 note 2.

(2) Claude Gourjaud, écuyer, sʳ de la Bessière, et dame Jeanne Doiniau, sa femme, devaient une rente de 125 livres sur la métairie de Quincampoix sise en la paroisse d'Usseau. Cette rente fut mise dans le lot de Mᵐᵉ Daviaud des Fougères dans le partage de la succession de Jacques Allonneau et d'Anne Clémanson, ses père et mère, en date du 7 mars 1680. Mais en 1688 le sʳ Gourjaud de la Bessière et son épouse abandonnèrent le royaume pour cause de religion et il fut impossible à M. Daviaud de se faire payer sa rente. Sur ces entrefaites, Mᵉ Blaise Esnaud, sieur de l'Espronnière, lieutenant particulier au présidial de la Rochelle, créancier de défunt Jacques Allonneau et de sa femme, saisit la métairie, ce qui obligea les héritiers Allonneau à traiter avec lui et à lui abandonner toute la rente sauf 10 livres. C'est à cela qu'il est fait allusion, et Pierre Bastard dit avec raison que pour cette cause il est dû un dédommagement aux enfants de M. Daviaud. Lui-même en paya la part incombant à ses enfants du chef de Louise Allonneau, leur mère ; mais ses cohéritiers n'ayant pas suivi son exemple y furent condamnés par sentence du siège royal de Niort, en date du 27 avril 1724. (Extrait d'un mémoire manuscrit de Jean Piet sur cette affaire.) L'affaire fut poursuivie à la requête de M. Louis Daviaud qui venait de rentrer au pays après avoir été attaché à la personne de M. le marquis d'Avaray, maître de camp au régiment de Nivernais.

Fol. 2, v° (1). Le mardy 25 janvier 1684 j'ay envoyé coppie du testament à M^de de Navaille (2).

Le dix mars payé à M^de Fr. Gerbier pour les R. P. Capucins s^s sa q^ce (sous sa quittance). . . . . . 40 l.

A Mr Boucher, pour les R. P. Cordeliers . . . 40 l.

Le pre^er avril au R. P. Prieur de la Charité . . . 40 l.

A Breuillac masson pour réparations au pont de la chossée de Bessac. . . . . 6 l.

Les 7 juin et 7 juillet j'ay esté à Chauray aux Assises. Le 8 aoust j'y ay aussy esté. Dépensé lors pour le cheval . . . . 2 l. 5 s.

Le 9 aoust aux officiers de la Roche et pour le desnombrement 1 l. 10 s. au seig^r. . . . . 10 l. 10 s.

Le 10 j'ay visité les chossées de Bessac et payé à ceux quy ont visité . . . . 3 l.

Fol. 3, r°. — Le 30 mars 1684 reçu de mon cousin Chauvegrain comme greffier de Ste-Pezenne la somme de 60 l. 13 s. provenant de la vente des meubles de deffunt Jean Groleau meunier de Bessac.

Le 19 avril je suis party pour Paris où estant M^de la duchesse de Navaille m'a fait dellivrer les hardes de feu mon cousin (2) que j'ay fait vendre avec une montre le tout se monte à. . . . . 241 l. 4 s.

Le 28 may (1684), je suis revenu de Paris. Arrivé led. jour en ceste ville où j'ay aporté quelques papiers de feu mon cousin que M^de la duchesse me fit mettre entre les mains.

(1) Ce folio 2 se trouve en prenant le livre par le côté opposé.

(2) Peut-être s'agissait-il du testament du maréchal duc de Navailles, qui est mort à Paris peu de temps après, le 5 février 1684, à l'âge de 65 ans.

(3) Ce cousin était Pierre Rousseau, fils de Pierre Rousseau et de Marie Chauvegrain, qui est mort célibataire à Paris où il est enterré aux Missions étrangères, rue du Bac. Son testament, qui instituait Pierre Bastard son exécuteur testamentaire, contenait entre autres legs un legs de 4500 l. en faveur de l'hôpital général de Niort, et un legs de 500 l. au profit de l'église Notre-Dame. Cette somme aurait servi pour la construction ou réparation dn rétable. (Note extraite des papiers de Pierre Bastard. V. p. 10.)

Fol. 3, v°. — Le 23 septembre j'ay esté à Maigné chez Cherpentier et chez Nigot et passé compromis avec M^r de Ste-Anne comme estant aux droits du bailiste.

Le 25, à Frontenay, pour l'affaire de Nigot et payé suivant la sentance à M^r de Ste-Anne. . . . . 5 l.

Pour la despance de M^r l'arbitre de M^r de Ste-Anne, Mr Chaigneau le greffier et moy et des chevaux et papier des minutte et grosse. . . . . 5 l.

Fol. 4, r° — Le 23 aoust (1684), reçu de Mr de Boissoudan 85 l. faisant avec 65 l. payés à Melle de Beauchesne Rousseau 150 l. pour l'arrérage de la rente constituée eschue de la St-Michel, donné quitt^ce et recogneu avoir retiré la q^ce de lad. dam^elle. . . . . 85 l.

Plus pour la vente des bleds inventoriés . 335 l. 10 s.

Fol. 4, v°. — Le 2 novembre j'ay esté avec Mr Chaigneau ad^at à la Servie (?) pour l'examen et copie des comtes de M^de de Laval et despancé. . . . . 20 l.

Payé aux dames Hospitalières pour une demie année de la pension de la cousine Panier (1). . . . . 60 l.

Pour une autre demie-année suivant le contrat. 75 l.

A ma cousine . . . . 20 l.

Pour des messes . . . .

J'ay travaillé despuis mon retour de Paris à mettre les comtes en estat.

Nous avons commencé d'examiner ceux de Mme la duchesse chez Mr Gaugaing dès le vendredy 3 feb. à continuer tous les vendredy et samedy jusqu'au mois de juin (1685).

Le 21 febv. à Servant cherpentier pour avoir remis une poutre au *logis de l'Estoille* (2) . . . . 1 l. 1 s.

_____

(1) Voir les notes pp. 5 et 82.

(2) Voir p. 76, note 2.

Fol. 5, r°.— Le 3 juin, de Mr Audouin pour M^de l'abbesse de Ste-Croix . . . . 57 l.

Fol. 5, v°. — Le 3 mars 1685, envoyé à Mr Pougnet coppie du contrat de Mrs Bernardin et Colon que j'ay fait signer à Mr Grugnet. J'ay avancé le papier et envoyé aussy 3 l. pour les ports et réponses des lettres et papier timbré . . . . 4 l.

Payé à Mr Proustière pour la grosse de l'acte fait avec la ve Jau. . . . . 11 s.

Plus pour réparations du pont de la chossée de Bessac 34 l. 14 s. et 5 d. pour la q^ce. . . . . 34 l. 19 s.

Aux dames Hospitalières pour le restant des droits d'entrée de ma cousine Panier . . . . 300 l.

Fol. 7, v°. — L'année 1680, avant d'entrer dans *la maison des Hermitans* (1) où je demeure à présant, la pièce qui soutient la couverture du grenier quy est sur la grande chambre cassa. J'en fis mettre une autre pour laquelle et le restablissement de la couverture il m'en cousta . . . . 50 l.

Peu de temps après mon establissement en lad. maison,

(1) Cette maison était située sur l'emplacement actuel de l'école Saint-Hilaire. Elle venait à Pierre Bastard de la famille Allonneau. Transmise par le testament de Pierre Bastard à son fils Isaac, le prêtre, elle échut en partage, à la mort de celui-ci, en 1737, à Estienne Piet, sieur de la Taudrie, mon bisaïeul, qui l'habita ainsi que son fils Jacques-Estienne Piet Lataudrie, greffier en chef de la maîtrise des eaux et forêts. C'est là que mon père est né. Cette maison échut en partage à Elisabeth Piet-Lataudrie, épouse de M. Pascal Joffrion, médecin à Fontenay et député de la Vendée. Son fils, M. Jules Joffrion, l'a vendue le 14 février 1842, par acte reçu Pougnet, notaire à Niort à Mme Julie-Eléonore Dubois de Saint-Mandé, veuve de M. Charles-Philippe chevalier de Jourdain. Ainsi que nous l'avons déjà fait observer pour la maison de Peiglan (page 85 en note) il est croyable que cette maison était, à l'origine, la maison de ville du seigneur des Hermitans. Cette seigneurie se trouvait en la paroisse de Belleville et appartenait au commencement du xviiie siècle à Mr de Chantecourt. (*Etats de l'élection de Niort en 1716 et en 1744. — Mémoires* de la Société de statistique, t. iii, 3e série, pp. 89 et 351.)

il se trouva un banc pourys dans le puy du costé de
l'escurie, où il fallut, dans le fond, faire un mur de quartiers de pierres. Il m'en cousta 40 l. . . . . . . 40 l.

Je fis ensuite refaire le mur du jardin avec des quartiers
de liaison à prendre despuis l'escurie jusqu'à l'arreste du
grand degré du logis. L'entrée du jardin estait lors par
une porte quy estait dans le dedans au bout du degré où
il y a à présant une fenêtre et pour ce. . . . . . 30 l.

Quelques années après, je fis retrancher l'espace du jardin quy estait au long de la cour et de la cuisine, duquel
on entrait facilement dans lad. chambre, à cause qu'il n'y
avait qu'un pied et demy de hauteur des terres à la
fenestre. Des terres qui feurent ostées, le bas estage du
petit apartement de derrière en fut remply. Il y avait des
fenestres aud. estage par lesquelles les bordiers entraient
facilement dans le jardin. Je fis lors une escurie dud. apartement l'ayant à cette fin fait paver. Mais depuis le pavé
a esté osté. Je fis aussy faire un mur au jardin au niveau
de celuy de l'escurie, et refaire les trois degrés du jardin.
Il m'en cousta du moins . . . . 100 l.

Je fis faire aussy une gallerie, pour laquelle (charpentes,
couvertures) il m'en a cousté. . . . . 80 l.

Suivent une série d'autres réparations inutiles à rapporter;
elles se sont élevées en totalité à 730 l.

Fol. 8, r°. — Mon beau-père et ma belle-mère
m'avaient donné en mariage une petite maison *rue Basse*,
pour seize cent livres. J'en ay jouy sur ce pied de 1600 l.
despuis le mois de janvier 1666 jusqu'au mois de mars
1680 que je l'ay raportée après leur déceds par le partage
fait avec mes beaux-frères, (1) et non les fruits, suivant mon
contrat de mariage. Et j'ay eu la maison où je demeure
pour dix sept cent livres, outre et par dessus le tiers de
la rente constituée de cinquante livres deuhes à M^r de

(1) Voir p 65.

Puydefond (1) et dix livres de rente à *Mad*ᵉ *Picon.*
J'ay amorty la rente de 10 l. le 27 juin 1685 par acte
receu par Mʳ Thibault.

Dans le derrière de la maison où je demeure y avait
une petite maison qui consistait en deux chambres l'une
sur l'autre, un petit grenier et des latrines qui entrèrent
en mon petit jardin. L'année 1689 que Mʳ Duplessis (2) vint
demeurer avecq moy ayant fait oster des terres du petit
jardin de ma maison qui joignait la cuisine, lesd. terres
feurent mises dans la première chambre de lad. petite
maison, dont elle fut remplie, et les terres eslevées jusqu'à
la hauteur du pavé de la rue, le planché et cheminée
feurent ostés et il y fut fait une escurie. Les latrines furent
aussy remplies. En 1703 j'y ay fait faire une cheminée.
J'ay affermé la petite maison à Mʳ Pierre Lemaitre à la
Sᵗ-Jean-Baptiste 1704 7 l. par année.

Fol. 9, rᵒ. — Pour mon fils Maisonneuve (3) :
Le premier febvrier 1706 j'ay donné à mon fils pour
payer les façons d'habits de sa femme trois escus
neufs. . . . . 11 l. 8 d.
Le 7 feb. je luy ay donné en présence de sa femme la
somme de cent livres. . . . . 100 l.

---

(1) Philippe Piet, écuyer, seigʳ de Piédefonds ou Puydefonds, échevin,
époux de Françoise du Moulins. (Beauchet-Filleau, *Dict. hist. et généalogique*, t. ii, p. 530.)

(2) Allonneau-Duplessis, beau-frère de P. Bastard.

(3) Ce ne peut être que François Bastard, époux de demoiselle Denis de
Chaillié-les-Marais, que Pierre Bastard désigne sous le nom de mon fils
Maisonneuve, car c'est le seul de ses garçons qui se soit marié. Cette
appréciation est entièrement confirmée par un acte sous seings privés en
date du 11 mars 1715, entièrement écrit de la main de Pierre Bastard et
portant arrangement entre lui et ses enfants d'une part et Françoise-
Catherine Denis, veuve de François Bastard, *vivant sieur de la Maisonneuve.* François Bastard est décédé sans enfants le 13 décembre 1714. Il
eut cependant une fille qui fut baptisée à Saint-André le 27 octobre 1709, et
mourut très-jeune. Dans l'acte de baptême de sa fille, qui reçut le prénom
de Françoise, il est qualifié de procureur aux consuls de cette ville.

Le 26 pour envoyer à Mr Boursault, procureur à Fontenay . . . . 40 l.

Suivent une série de comptes sans intérêt.

Fol. 5 bis, v°. — J'ay eu en mariage de mon père mon office de procureur au siège royal et le restant de ma dot sur Mr de la Bessière duquel j'ay depuis esté payé.

En 1670 payé pour nostre restablissement de la supression . . . . 220 l.

En 1672 pour l'hérédité . . . . 220 l.

En 1690 pour l'office de tiers référendaire. . . 110 l.

En 1694 pour ma part de l'office de premier huissier audiencier. . . . . 75 l.

En 1695 pour ma part des offices de contrôleur des despans.

Pour les offices de raporteur de criées. . . . .

Pour les offices de trésoriers des bourses communes. . . . .

Fol. 5, v°. — J'ay achepté mon office de procureur en l'eslection de Mr Butault (1).

Fol. 7 bis, r°. — Le 25 juillet 1689 j'ay esté pourveu du greffe de la maîtrise des eaux et forêts achepté par mon beau-frère (2) et par moy avec celuy de la Grurie. Ils reviennent à . . . . 1700 l.

La finance de celuy de la Grurie est de 400 l.

Une note en marge porte ce qui suit :

J'ay jouy dud. greffe par commission de Mr de la Ménancherie, grand maître despuis 1676 que le siège fut estably à Niort (3) jusqu'aud. jour 25 juillet 1689.

En 1690 nous avons payé une taxe de 330 l. scavoir par

---

(1) Outre sa charge de procureur en l'eslection, Pierre Bastard avait aussi le greffe de l'eslection, voir pp. 8 et 102.

(2) Allonneau-Duplessis.

(3) Le siège de la maîtrise était antérieurement à Chizé.

mons^r Duplessis et par moy en commun 220 l. et les 110 l. par moy seul.

J'ay receu pour les gages et chauffages de la maîtrise pour l'année 1690 . . . . 100 l.

Pour l'année 1691 . . . . 100 l.

De la Grurie, gages de 1690 : 25 l. et restant de 1689 : 6 l. 5 s.; pour le chauffage de 1690 : 30 l. et pour le restant de 1689 : 7 l. 10 s.

Suivent différentes recettes analogues aux précédentes.

Payé en janvier et mars 1694 la somme de 500 l. de taxe, 50 l. pour les 2 s. pour livre et 25 l. de frais pour les augmentations de gages de 25 l. attribués au greffe de la maîtrise payé par moy seul (1).

Mr Duplessis a vandu à Mr Vidault s^r des Loubières de la Villedieu le greffe de la Grurie le 4 novembre 1692 par acte de Mr Grugnet. . . . . 950 l.

Sur quoy Mr Duplessis a reçu trente louis d'or.

Plus Mr Desloubières nous a vandu un thonneau de vin avec les feux cent livres.

En décembre 1696 compté avec ma belle-sœur. Elle m'a laissé ce quy est deub par Mr Desloubières et j'ay recogneu qu'elle a la moitié dans le greffe de la maîtrise, sans préjudice de ce qu'elle doibt pour sa portion de la debte des dames Joubert qui va à 60 l. Elle me doibt sa pension (2) despuis la mort de Mr Duplessis qui fut le 24 juillet 1695. Elle est sortie le jour qu'elle s'est remariée sur la fin de janvier 1697 (3). Je lui doibs faire raison de sa

(1) Depuis 1676 jusqu'à sa suppression le greffe de la maîtrise des eaux et forêts est constamment resté dans ma famille. Il est successivement passé de Pierre Bastard à Jean Piet, son gendre ; de celui-ci à Etienne Piet, sieur de la Taudrie, son fils ; de celui-ci enfin à Jacques-Etienne Piet-Lataudrie, mon aïeul, qui en était encore titulaire au moment de la révolution. Cette charge fut supprimée à cette époque.

(2) En 1689, Allonneau-Duplessis vint habiter avec son beau-frère. (Voir p. 111.)

(3) Marie Racapé, veuve de M. Allonneau, sieur du Plessis, épousa en secondes noces Louis Gabriault. Elle mourut au mois de mai 1709.

moitié des gages du greffe de la maistrise de 1696..... Ils debvaient me payer des loyers de maison.

En marge on lit :

Nous avons vendu le greffe à M. Piet.

Fol. 7 bis, v°. — J'ay payé pour augmentation de gages du greffe de la maistrise. . . . . 1155 l.
Sçavoir : le 15 may 1702 . . . . 520 l. 15 s.
  le 22 aoust. 151
  le 29 aoust. . . . . . 83 . 8
  le 14 mars 1704 payé pour
    le restant de la taxe. . 399 . 17
                            ‾‾‾‾‾‾‾‾‾‾‾
                            1155 l. 00

De cette somme de 399 l. 17 déduit 105 l. pour les 2 s. par livre du principal, reste à 294 l. 17, parce que le principal de la taxe est de 1050 l. qui engendre des intérêts; par année à l'avenir ce sera 75 l.

Au commencement de l'année 1704 j'ay transporté à Mr Piet la moitié du greffe de la maistrise pour argent que je luy debvay, et il a achapté l'autre moitié de Mde Gabriault auparavant vefve de Mr Allonneau sr Duplessis adat.

Mais les augmentations de gages cy-dessus m'appartiennent.

Je les ay transportées à Mr Piet, sur quoy à desduire 600 l. que je luy debvais de surplus de mariage; et la portion du prix et pour l'année escheue, il m'a payé en argent.

Mr Vidault des Loubières, pour restant de ma moitié du greffe de la Grurie d'Aunay à luy vandu par feu mon beau-frère Allonneau l'adat par contrat du 4 nov. 1692 reçu par Me Grugnet, me doibt suivant un estat quy est dans ma liasse . . . . 407 l. 8 s. 9

La ve dud. sr Allonneau par le comte fait avec elle a recogneu que ce quy estait deub par led. sr Desloubières m'apartenait et moy j'avay recogneu qu'elle avait moitié dans le greffe de la maistrise. Son premier mary et moy avions levé les deux offices en commun.

Led. s^r des Loubières me debvait les arrérages de la
rente du fond pour 1700, 1701, 1702, 1703, 1704, 1705 et
1706 quy montaient à 142 l. 11 s. 4 d.

Suit un compte.

J'ay transporté ce quy m'est deub par M. des Loubières
à mon fils avec promesse de garantie, à desduire de ce quy
lui estait deub de sa dot.

Je l'ay repris plus tard et transporté à Mr Piet.

Fol. 16, v°. — Le 10 juin 1699 j'ay receu de ma tante et
mon cousin Chauvegrain la somme de six cent dix-sept
livres dix sols quy estait en commun à mes frères et sœurs
et à moy et que nous avions destiné pour l'hospital général avec 52 l. 10 s. de rente que mon frère Lamorinerie et
sa femme (1) sont obligés payer pour l'argent qu'ils ont
receu de Mr de la Vouste; et, comme par l'acte passé
avecq messieurs les directeurs de l'hospital général du
20 aoust 1688 par Me Grugnet il estait dit que la rente
constituée par ma mère de 82 l. 10 s. serait amortie en
deux termes et par moytié, j'ay fait l'amortissemant de la
moitié le 7 juillet aud. an 1699 par acte receu par led.
Grugnet en présence de mon beau-frère *Hurtebize* estably
aud. acte; et j'ay payé 82 l. 10 s. pour l'arrérage escheu à
la St-Jean faisant, avec 825 l. de principal, 907 l. 10 s.
sur quoy desduit 617 l. 10 s. receu de Mr Chauvegrain,
reste à 290 l. que j'ay avancé de mon argent.

Pour mon payement, mon frère est obligé me payer
52 l. 10 s. qu'il doibt pour l'arrérage escheu, plus à l'avenir
il me debvra des 52 l. 10 s. de rente celle de onze livres
cinq sols et il ne sera plus obligé de payer à l'hospital que
41 l. 5 s. (2).

(1) C'est Thomas Bastard qui est désigné sous le nom de Lamorinerie.
V. p. 31, en note.

(2) Cet arrangement de famille est expliqué d'une façon plus claire au
folio 53 : « Au moyen de quoy mon frère ne restait débiteur à l'hospital que
de 41 l. 5 s. et à moy de 11 l. 5 s. pour 225 l. avancés et son hérédité doibt

Le 11 octobre 1709 Mr Chevreuil, gendre de mon frère, comme père et loyal administrateur de ses enfants (1) m'a laissé pour l'amortimant des 11 l. 5 s. cy-dessus et restant des arrérages en tout 282 l., un quartier de pré en l'isle de Maigné comme est expliqué de l'austre costé du présant papier fol. 53.

J'ay dellaissé le pré à Mr Piet.

Le 22 juin 1711 j'ay amorty l'autre moitié de rente quy estait duehe à l'hospital par l'hérédité de mon frère par acte receu par Mr Grugnet en exécution de dellibération du bureau du 5 dud. mois, lad. dernière moitié de 41 l. 5 s. par année dont j'estais obligé sollidaire.

Lad. rente de 41 l. 5 s. me sera duehe à l'avenir par l'hérédité de mon frère.

à l'hospital les 41 l. 5 s. assignés sur la mestairie de la Barrière à Saint-Remy, *le logis de l'Estoile du Nord*, le pré de la fontaine Boutet et autres dommaines par l'acte du 18 oc. 1696. »

(1) Nicolas Chevreuil, avocat à Saintes, avait épousé en 1697 la fille de Thomas Bastard de la Morinerie. Il en eut un fils et une fille.

ERRATA

TABLE

DÈS NOMS DE LIEUX ET DE PERSONNES.

(Les chiffres en italique indiquent que le nom se trouve dans les notes.)

C

T

Saint-Maixent. — Impr. REVERSÉ.

www.ingramcontent.com/pod-product-compliance
Lightning Source LLC
Chambersburg PA
CBHW052209270326
41931CB00011B/2277